초등 영어
글쓰기,
한 권으로 끝

초등 영어 글쓰기, 한 권으로 끝
문장부터 에세이까지 리딩 실력에 따른 주니어 영작 가이드

초 판 1쇄 2024년 03월 25일

지은이 변예림
펴낸이 류종렬

펴낸곳 미다스북스
본부장 임종익
편집장 이다경
책임진행 김가영, 윤가희, 이예나, 안채원, 김요섭, 임인영, 권유정

등록 2001년 3월 21일 제2001-000040호
주소 서울시 마포구 양화로 133 서교타워 711호
전화 02) 322-7802~3
팩스 02) 6007-1845
블로그 http://blog.naver.com/midasbooks
전자주소 midasbooks@hanmail.net
페이스북 https://www.facebook.com/midasbooks425
인스타그램 https://www.instagram/midasbooks

ⓒ 변예림, 미다스북스 2024, *Printed in Korea*.

ISBN 979-11-6910-556-9 03370

값 18,000원

미다스북스는 다음세대에게 필요한 지혜와 교양을 생각합니다.

문장부터 **에세이**까지 리딩 실력에 따른 **주니어 영작 가이드**

초등 영어 글쓰기, 한 권으로 끝

변예림 지음

미다스북스

—

생각을 표현하며 성장하는
영어 글쓰기를 위해

누군가가 저에게 "인생에서 가장 도움이 된 기술은 무엇인가?"라고 묻는다면, 제 대답은 이렇습니다. 첫 번째로는 다른 언어를 배운 것, 두 번째로는 글을 쓰며 생각을 표현하는 것입니다. 이러한 기술들은 더 다양한 사람과 소통하며 제 생각을 표현하게 해주었고, 삶을 한층 더 풍요롭고 깊게 만들어 주었습니다. 함께 하는 학생들도 언어를 배우고 더 넓은 세상과 소통하면서 앞으로의 삶을 더 크고 멀리 볼 수 있는 무기를 얻기를 바랍니다.

최근 영어 교육 분야에서는 영어 읽기를 넘어 글쓰기에 대한 관심이 높아지고 있습니다. 영어 글쓰기를 학습적으로 다룰 때, 학생이 투자한 시간과 노력에 비례한 효율적인 결과를 얻을 수 있도록 도와주고 싶은 마음에서 이 책을 집필하게 되었습니다.

저는 강사로 활동하면서 10여 년간 다양한 학생을 만나며 지도해왔습니다. 학생과 학부모님의 교육적인 니즈를 실시간으로 파악하고 있습니다. 학습 목표를 설정하고 올바른 방법으로 훈련한다면 영어 글쓰기는 어려운 부분이 아닙니다. 단순한 연습만으로는 실력이 향상되지 않습니다. 영어로 글을 쓰고 표현하는 과정에 대한 이해를 통해 좋은 결과물을 만들기를 바랍니다.

이 책에서는 영어 글쓰기를 지도하는 방법적인 부분을 설명하였습니다. 또한, 제가 실제로 학생들을 지도하면서 활용한 부분과 느낀 점을 이야기해 보았습니다. 또한 리딩 실력에 따른 영어 글쓰기 연습법에 관한 부분도 다루었습니다. 초등 영어 글쓰기 영역의 목표를 설정하는 데 도움이 될 것입니다.

Step 0에서는 영어 글쓰기의 필요성과 글쓰기 교육에 접근하는 방법에 관해 다뤘습니다. 학생들에게 영어 글쓰기 로드맵을 제시하는 데 도움이 되는 부분입니다. 글쓰기를 잘하기 위한 훈련 방법에 관한 가이드라인이 될 것입니다.

다음은 학생들의 리딩 수준에 따른 글쓰기를 연습하는 방법에 관한 내용입니다. Step 1에서는 리더스 북(읽기 연습을 위한 영어책) 수준의 리딩이 가능하지만, 글쓰기 경험이 부족한 학생을 중심으로 접근 방법을 다뤘습니다. 글쓰기를 잘하기 위한 학습 습관 잡기 및 연습 방법, 원서 리딩과 연계할 수 있는 쓰기 활동, 다양한 장르의 글쓰기 활동 방법을 설명했습니다.

Step 2에서는 얼리 챕터북 수준(리더스북과 챕터북 사이의 수준의 영어책)의 리딩 수준을 갖추었으며 문장 쓰기가 가능한 학생이 실력을 키우며 문단을 작성하는 방법을 다뤘습니다. 문단 쓰기를 위한 활동, 어휘를 활용할 수 있는 방법, 장르별 단락 쓰기를 소개했습니다. 또한 글쓰기의 마지막 단계로 스스로 내용을 점검하는 방법을 안내했습니다.

Step 3에서는 챕터북(챕터별로 이야기가 나누어져 있는 영어책) 읽기가 수월하게 가능하며 문단 쓰기를 넘어 구조를 갖춘 글을 쓰는 것을 목표로 하는 학생들을 위한 내용입니다. 에세이의 구조 및 작성 단계, 장르별 에세이의 종류를 자세히 설명하였습니다. 생각을 논리적으로 표현하는 방법에 대해서도 다뤘습니다.

책의 활용도를 높이기 위해 Step 0을 참고하여 영어 글쓰기를 하는 이

유와 학습 목표를 설정하세요. 학생의 수준에 맞는 단계에서 제시한 활동을 직접 활용해 보면 도움이 될 것입니다. 부록에 수록된 워크시트도 본문의 내용을 적용하여 이용해 보셨으면 합니다.

저의 책이 영어로 생각을 표현하는 글쓰기를 하려는 학생과 부모님, 선생님에게 도움이 될 것이라 믿습니다. 영어학습의 꽃인 영어 글쓰기가 어렵지 않고 친숙한 과정이 되었으면 좋겠습니다.

책을 기획하고 집필을 완료하는 데 1년이라는 시간이 걸렸습니다. 새로운 도전을 위한 조언을 아끼지 않아 주신 주변의 많은 분들께 감사의 말씀을 드립니다. 우리 가족과 배우자님 그리고 사랑하는 아들, 항상 곁에서 힘이 되어주는 광교 리아 잉글리시 김수연 원장님, 그로윙업 잉글리쉬 2호점 안미영 원장님, 아레테 인문 아카데미의 임성훈 작가님에게도 감사의 인사를 전합니다.

2024년 3월

영어와 성장하는 Growinup

변예림(Erica)

영어 리딩 지수란?

영어 리딩 지수(Reading Index)는 특정 도서의 난이도를 나타내거나 독자의 독해 능력을 측정하는 지표를 의미합니다. 이러한 지수는 독서 교육이나 도서 선택에 도움을 주는 데 사용됩니다.

1. AR(Accelerated Reader) 지수

AR 지수는 미국 Renaissance Learning(르네상스 러닝)사가 개발한 독서 관리 프로그램으로, 책의 난이도를 측정하는 레벨 지수입니다. 미국의 45,000개 이상의 학교에서 사용하고 있습니다. AR 지수는 미국의 많은 학교에서 리딩 능력을 평가하고 알맞은 책을 추천하기 위해 사용하고 있습니다. 학생들은 독서한 책의 퀴즈를 통해 이해력과 독서 속도를 평가해 볼 수 있습니다. 레벨은 1-10까지로 나누어져 있습니다. AR 점수는 일반적으로 학년에 따른 독서 능력을 기반으로 합니다. 학생의 독해 능력을 추적하고 학생에게 적절한 독서 자료를 추천하기 위해 사용됩니다.

AR 지수가 2.1일 경우 미국 초등학생을 기준으로 2학년 1개월 수준을 의미합니다. 직관적으로 학생들의 레벨을 파악하기 쉽습니다.

2. 렉사일(Lexile) 지수

렉사일 지수는 미국의 Meta Metrics(메타 메트릭스)사의 연구를 바탕으로 개발된 독서 수준 지표입니다. 미국 국공립학교 교과서 및 추천 도서에 렉사일 지수를 표시하고 있습니다. 렉사일 지수는 글의 전반적인 이해력을 측정합니다. AR 지수와 난이도를 측정하는 기준에서 다른 부분이 있지만, 마찬가지로 학생들이 자신의 독해 능력에 적합한 도서를 선택하고 학생의 읽기 능력 향상을 추적하는 데 도움이 되는 지표입니다.

300L를 받은 독자가 300L 수준의 도서를 읽으면 75% 이상 이해할 수 있다는 의미입니다.

Lexile 200 - 500 (미국 초등 저학년 수준)

Lexile 300 - 800 (미국 초등 고학년 수준)

Lexile 800 - 1,000 (미국 중학생 수준)

Lexile 1,000 - 1,200 (미국 고등학생 수준)

Lexile 1,200 - 1,700 (미국 대학생 수준)

AR, Lexile 지수 점수 변환표:

AR	Lexile
1.0-1.9	25-325L
2.0-2.9	350-525L
3.0-3.9	550-675L
4.0-4.9	700-775L
5.0-5.9	800-875L
6.0-6.9	900-950L
7.0-7.9	975-1,025L
8.0-8.9	1,050-1,075L
10.0-10.9	1,100-1,125L

3. GRL 지수

Guided Reading Level의 약자입니다. 레벨은 알파벳 순으로 표기됩니다. 총 26개 단계로 세분되어 있습니다. 텍스트의 난이도에 따라 A부터 Z, Z+로 나누어 레벨을 분류합니다.

객관적 지표를 통해 손쉽게 독자들이 레벨에 맞는 도서를 선정하여 읽는 데 도움을 줍니다.

Level	Grade
A,B,C,D	Kinder
E,F,G,H,I,J	Grade 1
K,L,M	Grade 2
N,O,P	Grade 3
Q,R,S	Grade 4
T,U,V	Grade 5
W,X,Y	Grade 6
Z	Grade 7
Z+	High School/Adult

＊레벨별로 평가 기준이 상이하므로 유기적으로 비교하며 활용하세요.

이 책에서는 다음을 기준으로 Step 1, Step 2, Step 3로 영어 글쓰기 과정을 세 단계로 분류하였습니다.

Step 1

영어학습 1년 이상

AR 1–2점대 수준의 리더스 북의 리딩 및 이해가 가능한 학생

정확한 문장 쓰기부터 훈련이 필요한 학생

Step 2

AR 2–3점대의 영어 원서의 리딩 및 이해가 가능한 학생

논리적인 문단구성 훈련이 필요한 학생

Step 3

AR 4점대 이상 수준의 챕터북의 안정적인 리딩 및 이해가 가능한 학생

서론, 본론, 결론 형식의 있는 글의 논리적 작성을 목표로 하는 학생

학습자의 현재 영어 학습 수준에 맞는 영어 글쓰기의 학습 방향을 파악하는데 도움이 될 것입니다.

목차

Step 0. 영어 글쓰기, 어디까지 해봤니?

Step 1. 세상 쉬운 한 문장 쓰기부터 시작하자

Step 2. 문장에서 문단으로 레벨 업!

Step 3. 영작의 꽃, 논리적인 에세이 쓰기

Step 0.

영어 글쓰기,

어디까지 해봤니?

1

초등 영어,
리딩만으로는 부족하다

"선생님, 시작을 어떻게 해야 할지 모르겠어요."

"선생님이 써주시면 보고 쓸게요."

영어 글쓰기를 처음 접하는 학생들에게 가장 많이 듣는 말입니다. 빈칸을 스스로 채워야 한다는 부담감에 종이를 구기거나 연필을 부러트리는 행동을 하는 학생들도 있습니다. 이렇게 영어 글쓰기에 대해 거부감을 보이는 학생들이 많습니다.

저는 학생들의 영어 글쓰기 능력을 확인하기 위해 유용한 질문 열다섯 가지 중 한 가지를 스스로 정해 답변을 서술하게 하고 있습니다. 그런데 간혹 어휘력이 풍부하고 리딩 지수가 높은 학생인데도 자신의 답변이 아닌 이 열다섯 개의 질문만 답안지에 그대로 써놓는 경우도 있습니다. 무슨 말을 써야 할지 몰라서 한참 종이만 응시하고 있기도 합니다.

대부분의 학생들은 본문을 읽고 그에 대한 객관식 답을 확인하는 방법에만 익숙합니다. 그래서 영어 글쓰기를 시작도 하기 전에 힘들다고 생각합니다.

상담을 요청해 온 학부모님들에게 이런 말들을 종종 듣습니다.

"책을 읽긴 하는데 내용에 관해 물어보면 대답을 잘 못해요."
"집중 듣기를 하며 책을 읽고 있는데 한 귀로 듣고 한 귀로 흘리는 것 같아요."
"긴 분량의 책을 너무 빨리 읽었다고 해요."

학생들의 영어 레벨이 올라갈수록 오히려 이러한 고민을 많이 하게 됩니다. 저는 학생들이 읽은 영어 도서에 대해 서술형으로 답변하게끔 질문을 해서 이해도를 확인합니다. 독서를 한 후, 선택형 문제(객관식)를 모두 맞히는 학생도 서술형 문제에 답변하는 것은 어려워하는 경우를 자주 봅니다. 서술형 답변은 작성하는 과정에서부터 이해도를 상승시키는데 도움을 줍니다. 답안을 작성하기 위해 읽었던 내용을 다시 읽고 생각하는 과정이 필요하기 때문입니다. 직접 써봐야 그 내용을 제대로 아는지 모르는지 알 수 있습니다. 리딩이라는 인풋과 글쓰기라는 아웃풋이 유기적으로 연결되어야 진짜 영어 실력을 향상시킬 수 있습니다.

세상은 빠르게 변화하고 있습니다. 최근 미래 시대의 교육 가치를 강조하며 미국에서 중요시하는 4C 역량이 있습니다. 이는 비판적 사고(Critical Thinking), 창의력(Creativity), 의사소통 능력(Communication), 협력(Collaboration)을 말합니다. 최근 Chat GPT와 같은 인공지능 AI의 대화형 작문 프로그램이 등장하고 번역 프로그램 사용이 일반화되어 가고 있습니다. 이제는 이런 프로그램을 이용해서 과제를 하는 초등학생들도 어렵지 않게 볼 수 있습니다. 그러나 중요한 것은, 지식을 쌓는 것 이상으로 수많은 정보를 적절하게 활용하고 자신의 것으로 만드는 과정이 중요한 시대라는 것입니다. 스스로 생각하고 그것을 조리 있게 전달할 줄 알아야 합니다.

그렇다면 이렇게 변화하는 시대에 우리는 어떤 영어 공부를 해야 할까요?

첫 번째 답은 '글쓰기'입니다. 영어 글쓰기 연습을 통해 우리는 미래 인재에게 요구되는 역량을 키우는 훈련을 할 수 있습니다. 글쓰기를 통해 얻을 수 있는 효과는 다음과 같습니다.

첫째, 비판적 사고를 키울 수 있습니다.

월터 리프먼(Walter Lippmann, 1889~1974)은 미국의 저명한 작가이자 유명한 정치 평론가, 사상가입니다. 그는 하버드대학교를 만 17세에 입학하여 3년 만에 졸업하였습니다. 또한, 시어도어 루스벨트 대통령으로부터 '미국에서 가장 유망한 청년'이라는 찬사를 들었습니다. 퓰리처상을 2번이나 수상한 그는 1947년 출간한 책, 『냉전(Cold War)』으로 '냉전'이라는 용어를 국제 사회에 자리 잡게 만든 인물입니다. 그가 어떤 사건에 대한 개인적 견해를 요청받았을 때 이렇게 이야기한 적이 있다고 합니다.

"어떻게 생각해야 할지 모르겠습니다. 아직 그 사건에 대해 글을 쓴 적이 없으니까요."

이는 글쓰기가 개인의 생각을 정리하는 한 과정이라는 것을 잘 보여주는 일화입니다.

글쓰기 지도를 중시하기로 유명한 하버드대학교는 논리적인 사회 구성원 양성을 목표로 합니다. 낸시 소머스(Nancy Sommers) 글쓰기 교수는 "하버드는 논리적으로 생각하는 인재를 양성하기 위해 글쓰기를 가르칩니다."라고 하였습니다. 그는 "논리적으로 글을 쓰는 능력이 있으면 단순히 학습 효과가 높아지는 정도를 뛰어넘어 능동적이고 논리적인 사고를 지닌 사회인으로서 덕목을 실현할 수 있다."라고 언급한 바 있습니다.

한 조사 기관에서 하버드 졸업생 1,500명을 대상으로 한 설문 조사에서도 어떤 과목이 사회생활을 하는 데 가장 도움이 되었냐는 질문에 90% 이상이 글쓰기라 대답하였다고 합니다. 이렇듯 글쓰기는 사고력을 키울 수 있는 최고의 수단이라는 것을 부정할 사람은 없을 것입니다.

둘째, 창의력을 키울 수 있습니다.

영어 글쓰기를 통해 창의력을 키우는 훈련을 할 수 있습니다. 교실에서 해 볼 수 있는 창의적 글쓰기 활동은 다양합니다. 스토리 작성하기, 사진에 대해 묘사하기, 퀴즈 내기, 만화 속 대화 작성하기와 같은 창의력을 키우는 다양한 방법들이 있습니다. 특정한 주제에 대해 시간을 갖고 곰곰이 생각해 보는 시간을 가질 기회가 필요합니다. 나만의 아이디어를 생각하는 과정에서 창의력이 자라납니다.

영어 글쓰기를 어려워하고 흥미도가 낮은 학생들에게는 다음과 같은 활동들을 시킵니다. 그림을 활용해서 이야기의 순서를 정하고 내용을 써 보는 연습, 친구들에게 영어 수수께끼 퀴즈를 내는 활동, 직접 그림을 그리고 대화 내용을 써보는 활동들을 해봅니다. 학생들은 스스로 주제에 대해 고민하는 과정을 통해 나의 아이디어를 글로 써보는 활동이 즐거워집니다.

셋째, 의사소통 역량을 키울 수 있습니다.

글쓰기는 결국 글쓴이와 독자와의 의사소통 수단 중 하나입니다. 영어 글쓰기에도 다양한 장르가 있습니다. 예를 들면 에세이, 편지글, 광고문, 매뉴얼, 시, 소설, 서평, 전기 등입니다. 다양한 종류의 글쓰기를 통해 글의 종류에 따른 목적과 고유의 형식이 있음을 알게 됩니다. 글의 목적에 맞는 글쓰기를 하고 독자가 더 이해하기 쉬운 글을 쓴다면 글을 읽는 사람도 글을 이해하는 것이 더욱 수월해집니다. 결국 글쓴이와 독자 간의 원활한 의사소통이 일어납니다.

넷째, 협업 능력을 키울 수 있습니다.

글쓰기는 혼자만 하는 활동이라고 생각하시나요? 미국의 대학에서는 에세이를 작성하고 이를 기반으로 여럿이서 토론하는 활동이 일반적입니다. 자신이 작성한 에세이를 바탕으로 의견을 전달합니다. 다른 사람의 의견도 들어보며 더 나은 대안을 찾아갑니다. 우리의 영어 교실에서도 협업 능력을 키울 수 있는 활동으로써 글쓰기를 활용해 볼 수 있습니다. 글을 쓴 후 자신의 글을 공유합니다. 서로의 글에 대해 도움이 되는 피드백을 주고 평가 항목을 만들어 다른 친구를 위한 평가지도 작성해 봅니다. 이를 통해 나와 다른 친구들의 견해를 듣고 타인의 의견을 수용하고 조율하는 훈련이 가능합니다.

초등 영어, 리딩만으로는 부족합니다.

21세기의 미래 교육 인재로 성장하기 위해서는 글쓰기가 필수입니다. 한국의 많은 학생들이 영어 공부에 많은 시간과 비용을 투자하고 있습니다. 이렇게 학생들이 투자하는 소중한 시간과 노력이 낭비되지 않으려면 올바른 목표 설정이 선행되어야 합니다.

영어 글쓰기를 영어 학습의 꽃이라고 표현합니다. 글쓰기를 잘하려면 기본적으로 많은 글을 읽어야 하고 문법적 지식이나 어휘력이 수반되어야 하기 때문입니다. 영어 글쓰기를 통해 영어의 전반적인 능력은 물론 사고력, 창의력, 의사소통 능력까지 함께 키워나갈 방법을 이 책을 통해 소개해 보겠습니다.

2

글쓰기를 위한 읽기 활동이
왜 필요할까?

"I'm happy."

"It's fun."

글쓰기 지도를 하면서 학생들이 쓴 글에서 쉽게 볼 수 있는 표현입니다. 나의 행복감과 즐거움을 표현하는 방법은 다양합니다. 그렇지만 학생들이 쓰는 표현은 한정적일 때가 많습니다.

"항상 쓰는 단어만 사용해요."

"기존에 쓰던 패턴으로만 써요."

"학년이 올라가도 실력향상이 되는 것 같지 않아요."

학습 기간에 비해 영어 글쓰기가 생각보다 쉽게 향상되지 않아 고민하는 부모님들이 자주 하는 말입니다. 영어 리딩 지수가 높다고 해서 저절로 영어 글쓰기가 되는 것이 아니기 때문입니다.

영어 글쓰기를 잘하기 위해서는 글쓰기를 위한 읽기 활동이 필요합니다. 쓰고자 하는 주제에 관한 읽기 활동을 하며 배경지식을 키워야 합니다. 배경지식을 키워야 글쓰기의 수준이 높아집니다. 영어가 모국어인 원어민이라도 본인들이 잘 알지 못하는 분야에 관한 내용을 써보라 하면 몇 줄 쓰는 것조차 힘들 것입니다. 수준 있는 글쓰기를 하려면 영어 학습이 총체적으로 이루어져야 합니다. 그래서 앞서 영어 글쓰기를 영어학습의 꽃이라 표현한 것입니다.

영국의 철학자 프란시스 베이컨 (Francis Bacon, 1561~1626)은 "읽기는 인간을 완전하게 만들어 주며 글쓰기는 정확한 인간을 만들어 준다." 고 하였습니다.

읽기는 글쓰기 능력을 키우기 위한 필수 요소입니다. 읽기를 통해 얻은 지식과 표현력 등은 영어 실력의 재료가 됩니다. 요리한다고 생각해 보겠습니다. 냉장고에 신선한 양질의 재료를 많이 가지고 있는 사람이 맛있는 음식도 만들기 쉬울 것 입니다. 영어 글쓰기도 이와 마찬가지입니다. 영어 읽기를 통해 실력과 지식이 축적된 학생들이 자기가 가진 지식을 요리조리 요리하며 양질의 글쓰기가 가능합니다.

그러면 다양한 어휘를 사용하며 글쓰기를 잘하려면 어떻게 해야 할까요?

첫째, 잘 읽기 위해서는 목적에 맞는 읽기를 해야 합니다.

글쓰기의 목적은 다양합니다. 정보를 전달하기, 나의 의견을 주장하기, 나의 이야기를 전달하기, 흥미로운 글을 창작하여 쓰기 등이 있습니다.

우선 글쓰기를 위한 정보 수집이 필요합니다. 책, 백과사전을 찾아보거나 뉴스를 참고하거나 혹은 인터넷으로 검색해 볼 수 있습니다. 설명하는 글쓰기에 관해 쓰려면 주제에 관한 사실을 알려주는 논픽션 도서를 읽어야 합니다. 이렇게 쌓인 배경지식은 객관적 사실을 논리적으로 설명할 수 있는 기반이 됩니다.

설득을 위한 글쓰기를 위해서 어린이 신문이나 광고 글 등을 참고해 보며 의견을 펼치는 방법에 대해 배울 수 있습니다. 창의적이고 재미있는 글을 쓰기 위해 판타지 소설의 스토리 흐름과 문체를 참고해 볼 수 있습니다. 물론 영어의 전반적인 실력향상을 위해서 장르를 가리지 않는 꾸준한 독서도 수반되어야 합니다. 구성이 단단한 글을 쓰려면 자료를 찾고 지식을 습득하는 과정부터 시작해야 합니다.

스티븐 크라센(Steven Krashen, 1941~) 교수는 언어 교육계 최고의 권위자입니다. 그의 저서 『읽기 혁명(The Power of Reading)』(1994)에서 '많이 읽는 사람일수록 쓰기를 자유자재로 할 수 있다. 그래서 쓰기에 대한 불안감이 적다'고 언급하였습니다. '언어 습득은 출력이 아닌 입력으로부터, 연습이 아닌 이해로 이루어진다는 것이다.'라며 인풋의 역할을 강조하였습니다.

저의 영어 글쓰기 수업에서도 글을 잘 쓰기 위한 읽기 활동이 수반됩니다. '어린이들이 애완동물을 키우는 것이 올바른가?'에 대한 글쓰기를 쓰는 수업이었습니다.

관련 지문 읽기 활동을 하기 전, 학생들의 의견은 '애완동물은 귀엽다.' '애완동물을 갖고 싶다.' '애완동물은 우리를 기쁘게 해준다.' 정도의 수준이었습니다.

우리는 리서치를 통해 어린이 신문에서 다른 학생들의 의견을 살펴보았습니다. 또한 논픽션 도서에서 애완동물의 특성에 대한 지식을 확장한 후, 다음과 같은 논리적인 아이디어로 발전시켰습니다.

〈찬성 입장〉

1. 애완동물은 어린이들에게 책임감을 길러준다.

   Pets help children develop responsibility.

2. 애완동물은 우리에게 정서적 안정감과 기쁨을 준다.

   Pets give us emotional peace and enjoyment.

3. 애완동물은 우리와 함께할 인생의 친구가 될 수 있다.

   Pets can be lifelong friends.

〈반대 입장〉

1. 애완동물을 돌보는 데 시간과 노력이 많이 든다.

   Taking care of pets requires a lot of time and effort.

2. 애완동물을 키우는 데 부담해야 할 비용이 크다.

   The cost of raising a pet is high.

3. 애완동물은 건강에 좋지 않은 영향을 주거나 위험할 수 있다.

   Pets can be unhealthy or dangerous.

글쓰기 주제에 관한 읽기 활동은 주제에 대해 더 깊은 사고를 하게 합니다. 동시에 글쓰기의 수준을 높여줍니다.

둘째로, 잘 읽기 위해서는 읽기 자료의 수준과 학생의 레벨을 함께 고려해야 합니다. 학생의 리딩 레벨에 맞는 책을 어떻게 찾을까요? 리딩 레벨을 측정할 수 있는 몇 가지 지표들이 있습니다.

우선, 미국의 메타 메트릭스(Meta Metrics) 사가 개발한 렉사일 지수가 있습니다. 어휘의 난이도와 문장의 길이 등을 고려하여 레벨을 측정합니다. 독서 수준을 파악할 수 있는 지표로 1억 개 이상의 도서 및 기사 등이 렉사일 지수를 표기하고 있습니다.

미국 학교에서 사용하는 르네상스 러닝 사의 AR(Accelerated Reader) 지수는 소수점 앞 숫자가 학년, 뒤 숫자가 개월 수를 나타냅니다.

GRL(Guided Reading Level)은 알파벳을 사용하여 A부터 Z까지 리딩 레벨을 표시합니다.

효율적인 학습을 위해 주기적으로 학생들의 객관적 읽기 능력을 점검하는 것은 좋은 방법입니다. 학생의 읽기 수준에 맞는 도서 및 읽기 자료를 선정해야 합니다. 요즘은 서점에서도 도서의 레벨별 분류가 잘 되어 있고 영어 학습자를 위한 사이트에서도 이러한 지수를 쉽게 찾아볼 수 있습니다.

'심리학계의 모차르트'라고도 불리는 발달 심리학자 비고츠키(Vygotsky, 1896~1934)는 근접 발달 이론(Zone of Proximal Development, ZPD)을 제시하였습니다. 그는 "아동은 자신 능력으로는 해결할 수 없는 문제들을 만나게 되며 이를 누군가의 도움으로 해결할 수 있는 영역이 있다."라고 하였습니다. ZPD 이론은 실제 발달 수준과 잠재 발달 수준 영역을 구분하였습니다. 누구의 도움 없이 스스로 문제를 해결할 수 있는 부분이 실제적 발달 수준 영역입니다. 혼자서는 불가능하지만 선생님이나 부모님, 실력이 더 높은 또래로부터 도움을 받으면 수행할 수 있는 부분이 잠재적 발달 수준 영역입니다.

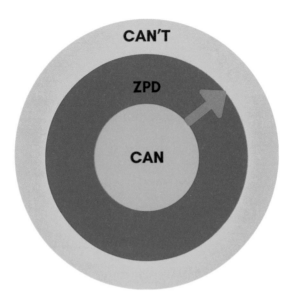

[ZPD, Zone of Proximal Development]

ZPD 이론을 잘 활용하면 영어 학습을 효율적으로 하는 데 도움이 됩니다. 자율학습을 하는 경우에는 스스로 수행할 수 있는 수준의 학습 자료를 활용해야 합니다. 학교 수업이나 가정 학습을 할 때에는 학생의 발전 가능성을 고려해야 합니다. 현재 학생의 수준보다 조금 더 높은 난이도의 학습을 선생님과 부모님의 도움을 받아 하는 것이 더 효과적입니다. 이러한 과정을 통해 내가 스스로 학습할 수 있는 영역을 키워가야 합니다.

아이들을 가르치며 저는 비고츠키의 실제적 발달 수준과 잠재적 발달 수준을 항상 고려합니다. 영어 레벨테스트의 결과를 참고하지만, 점수 외에도 학생의 발달 가능성과 개인별 속도를 염두에 두어 학습 난이도를 결정합니다. 지금 당장 할 수 있는 영역이 아니라 그 학생을 어디까지 이끌고 갈 수 있는 것인가에 초점을 맞춥니다. 도서 및 읽기 자료 선택 시 학생 스스로 할 수 있는 영역, 누군가의 도움을 받아 수행 가능한 영역에 대해 인지하고 확인해 보세요.

글쓰기를 위한 읽기 활동은 글쓰기 실력 향상을 위해 기초가 되는 활동입니다. 어휘의 사용을 다양하게 늘리고 논리성을 키우려면 글을 읽어야 합니다. 다양한 영어 읽기 활동으로 나만의 글쓰기 재료를 쌓아가세요. 그것이 글쓰기 능력 향상의 지름길입니다.

(3)

성공적 글쓰기를 위한
A to Z

글쓰기는 마치 퍼즐 조각을 맞추는 것과 같습니다. 조각들을 이어 붙여 하나의 완성된 그림을 만드는 것과 비슷합니다. 문장, 글의 구조, 창의적 표현 등의 영역에서 퍼즐을 맞추듯 조화가 잘 이루어져야 합니다. 그래야 하나의 완성도 높은 글을 작성할 수 있습니다.

학생들에게 영어 글쓰기를 잘 지도하기 위해서는 학생들이 따라갈 수 있는 장기적인 로드맵을 제시해 줘야 합니다. 이렇게 큰 그림을 제공해 주려면 글쓰기 학습에 관한 이론적인 지식을 숙지하고 있어야 합니다. 많이 읽고 많이 쓰는 것도 중요합니다. 하지만 학생들을 지도하는 데 있어서 그 목적과 필요를 분명히 알아야 합니다.

시중에 많은 영어 글쓰기 교재가 있습니다. 교재를 끝까지 푼다고만

해서 왕도가 아닙니다. 학생들에게 장기적인 학습 방향을 제시할 수 있어야 합니다. 그래야 학생들에게 꼭 필요한 활동으로 수업을 채울 수 있습니다. 글쓰기를 가르친다는 것은 오류 없는 문장을 작문하는 것이 전부가 아닙니다. 다음의 영어 글쓰기에 관한 세 가지 접근법으로 글쓰기 지도에 관한 큰 그림을 그려보세요.

첫 번째는 구조에 초점을 맞추는 방법입니다.

간단한 문법 규칙과 구조를 가르치는 방법입니다. 명사, 동사, 형용사, 부사 등의 기본 문법을 이해하고 활용할 수 있어야 합니다. 올바른 문장 구조를 이해하고 사용할 수 있도록 가르쳐야 합니다. 주어, 동사, 목적어 등의 기본적인 역할을 이해하고 문장을 구성하는 방법을 익혀야 합니다.

작문이 아직 잘되지 않는 경우, 빈칸 채우기 및 문장 배열하는 연습을 통해 연습을 시작할 수 있습니다. 구체적인 방법은 Step 1의 2장에서 설명하도록 하겠습니다.

두 번째는 장르에 초점을 맞추는 방법입니다.

다양한 장르를 학습함으로써 학생들은 다른 사람들과 효과적으로 소통하는 방법을 익히게 됩니다. 편지글, 광고, 초대장 등 다양한 글의 장르를 통해 학생들은 의사소통 수단으로서의 글쓰기를 활용하는 방법을 배울 수 있습니다.

장르별로 각 형식에 대해 인지하고 창의적 표현으로 그 내용을 채우는 데 중점을 두어야 합니다. 편지글에 대해 배울 경우, 글을 시작하는 방법, 내용을 쓰는 방법, 마무리 인사를 하는 방법과 같이 장르의 형태에 대해 올바르게 알고 내용을 쓰는 연습을 합니다.

[편지글 예시]

세 번째는 과정에 초점을 맞추는 Process Writing(프로세스 글쓰기)

방법입니다.

프로세스 글쓰기 과정은 영어 글쓰기 과정에서 항상 수반되어야 하는 중요한 부분입니다. 이 과정은 글을 쓰는 전 과정을 학생들과 함께하는 것입니다. 이 과정은 글의 계획, 초안 작성, 수정 등 모든 과정을 포함합니다. 누구도 깨끗한 종이에 한 번에 완성된 글을 쓸 수 없습니다. 일정한 과정에 따라서 글쓰기를 해야 합니다. 이것은 과정에 따라 글쓰기를 한다면 누구든 글쓰기를 어렵지 않게 할 수 있다는 의미입니다. 주제를 정한 후, 다음과 같은 과정에 따른 글쓰기를 하세요.

1. 프리-라이팅(Pre-writing)

1) 브레인스토밍(Brainstorming)

- 아이디어를 나열하세요.
- 다이어그램을 그리세요.
- 학생들이 주제에 관해 자유롭게 상상력을 발휘하도록 합니다. 질문에 답변하면서 자유로운 의견을 나누어 봅니다.

2) 아웃 라이닝(Outlining)

- 에세이의 주제 문장을 결정합니다. 이는 에세이의 핵심 아이디어를 나타내는 문장으로, 전체 글의 주제를 유지하는데 도움이 됩니다.

- 주제를 기반으로 주요 아이디어를 식별합니다. 에세이에서 다룰 각 주요 포인트나 세부 아이디어를 생각합니다.
- 주요 아이디어에 대한 논거와 증거를 찾습니다. 논거는 주장을 뒷받침하는 논리적 이유이며, 증거는 실제로 주장을 뒷받침하는 구체적인 사실이나 예시입니다.

이렇게 자신이 쓸 글의 큰 틀을 만듭니다. 아웃 라이닝 과정에서 모든 문장을 구체적이고 완벽한 문장으로 작문할 필요는 없습니다. 브레인스토밍과 아웃 라이닝에 대한 방법은 Step 3의 2장에서 설명하겠습니다.

2. 초고 작성(Drafting)
- 아웃라인 작성 후, 초고를 작성합니다.

3. 고쳐 쓰기(Revising)
- 검토 후, 오류를 수정하여 글을 완성합니다.

4. 수정(Editing)
- 문법적 교정 및 글의 논리성을 검토합니다.

5. 글의 완성(Publishing)

What is the Process Writing?

[Process Writing]

　제가 교실에서 가장 강조하고 있는 부분은 이 일련의 과정들이 1번부터 5번까지 한 번에 이루어지는 게 아니라는 점입니다. 필요시 언제든 모든 과정을 오가며 글을 수정할 수 있습니다. 일련의 과정을 하나씩 차분하게 해나가면 누구든 좋은 글을 쓸 수 있습니다.

　글쓰기 지도의 이론적 부분을 이해하고 학생들에게 올바른 목표와 방향을 제시해 주세요. 학생의 부족 부분과 필요 부분에 대해서 자연스럽게 알게 됩니다.

(4)

영어 글쓰기에
문법이 필수적인 이유

　초등 영어에서 문법을 어떻게 학습해야 할까요? 많은 학생이 문법 공부라고 하면 주어, 동사, 목적어와 같은 문법적 용어를 먼저 떠올리는 경우가 많습니다. 무조건 '문법은 어렵다.'라고 생각해 버리기도 합니다. 영어에 대한 충분한 인풋 없이 문법을 시작하게 되면 당연히 어려울 수밖에 없습니다.

　우선, 문법이 영어 과목 중 하나라는 생각을 버려야 합니다. 문법은 한 언어의 근간이며 큰 뼈대입니다. 문법은 단어가 어떠한 순서대로 나열되며 문장이 형성되는 방법을 알 수 있게 해줍니다. 이러한 과정이 문장과 문단을 작성하는 기반을 마련해줍니다. 문법을 몰라도 말하고 쓸 수는 있습니다. 하지만 정확하고 수준 있는 언어를 구사하기 위해서는 문법이라는 큰 뼈대를 잘 잡아야 합니다.

모든 언어는 구조가 다릅니다. 영어와 같이 한국어와 구조가 많이 다른 언어를 배울 때에는 시간과 노력이 더 필요합니다. 그러므로 문법이라는 뼈대를 잡는 것은 제2외국어 학습자에게 꼭 필요한 과정입니다. 이 과정이 언어의 정확도와 유창성을 키워줍니다.

영국의 국보급 작가라 불리는 소설가 베릴 베인브리지(Beryl Bainbridge, 1932~2010)는 "일단 문법을 배우게 되면 쓰기는 단순히 종이에 대화하는 것이며 불필요한 말을 줄이는 법을 알게 된다."라고 하였습니다. 문법은 잘 쓰기 위한 뼈대이자 기초가 된다는 것을 잘 설명해 주는 말입니다.

글쓰기를 잘하기 위해 문법 학습이 필요한 이유는 다음과 같습니다.

첫째, 스스로 문장의 오류를 검토할 수 있습니다.

이는 제가 학생들을 가르치면서 가장 강조하고 있는 부분입니다. 제2외국어인 영어를 공부할 때 문장 속 오류를 잡으려면 문법을 알아야 합니다. 문법 개념이 잘 잡혀 있지 않는 상태에서 '맞는 것 같다.'는 감으로 문장을 쓰고 말하게 되면 비문을 만들 수밖에 없습니다. 문법을 잘 알고 있으면 자신의 문장을 스스로 검토할 수 있는 시스템을 갖추게 됩니다. 오류 검토 시스템을 통해 스스로 글을 검토할 수 있는 능력을 갖는 것은 영어 학습자로서 굉장한 도구를 갖추게 되는 것입니다. 글을 쓰고 검토하는 과정이 반복될수록 올바른 문장을 쓰는 실력이 체화되며 글쓰기의 유창성이 향상됩니다.

둘째, 의미를 정확하게 전달할 수 있습니다.

'문법은 중요하지 않다.', '문법을 몰라도 뜻은 전달할 수 있다.'라는 의견도 있습니다. 하지만 수준 있는 글을 쓰기 위해서는 반드시 문법이 필요합니다. 문법은 말하고자 하는 의도를 더 분명하게 전달시켜 줍니다. 예를 들어, 지금 하는 활동을 표현하기 위해서는 진행형을 활용해야 합니다. 이전부터 꾸준하게 하는 활동은 현재 완료형을 사용해서 표현할 수 있습니다. 구두법도 마찬가지입니다. 문장이 끝난 후 '. / !'가 오는 것에 따라서도 글의 톤이 달라집니다. 콤마를 사용하여 특정 부분을 강조할 수도 있습니다. 이러한 규칙을 통해, 의미를 더 분명하게 전달할 수 있습니다. 글을 쓰고 읽는 것은 글쓴이와 독자 간의 의사소통입니다. 따라서 올바른 문법은 의사소통을 더 정확하게 할 수 있도록 도와줍니다.

셋째, 신뢰도를 높입니다.

너무나 자명한 사실입니다. 특히 많은 사람을 상대로 한 글이 문법적으로 오류가 많은 문장들로 구성되어 있다면 독자로부터 신뢰성을 잃게됩니다. 글쓰기를 통해 다수의 사람과 소통하려면 올바른 문장 작성은 기본입니다.

영어 단계에 따른 문법 공부법

"문법이 잘 잡혀 있는 것 같지 않아요."

"문법이 약해요."

이런 고민들 많이 하시죠? 우리가 어떠한 것을 중점으로 공부해야 하는지 우선 생각해 봐야 합니다.

그럼, 학생의 리딩 지수를 고려하여 문법을 학습하는 방법을 안내해 보겠습니다.

Step 1. 어순과 문형을 익히며 영어 구조에 친숙해지는 연습

리딩이 실력이 향상된다고 해서 영어의 다른 영역의 수준도 동일하게 올라가지는 않습니다. 그래서 저는 기초 단계부터 4대 영역의 균형을 중시합니다. 리딩도 쉬운 단계부터 시작하듯 문법이나 쓰기의 영역도 난이도를 순차적으로 높이는 방법을 선호합니다.

기초 단계에서는 읽기를 통해 영어의 구조와 문형에 최대한 익숙해져야 합니다. 소리 내어 읽기 및 문장의 순서를 스스로 조합해 보는 unscramble 활동을 통해 영어의 구조에 최대한 익숙해질 수 있도록 해야 합니다.

시중에 판매되는 문법 교재들을 아이의 레벨에 맞추어 선택해 보는 것도 좋은 방법입니다. 시중의 문법 ELT 교재 중 스타터(Starter) 시리즈나 비기너(Beginner) 시리즈는 초급 레벨 친구들이 공부하기에 적합합니다. 초등 저학년은 인지 수준을 고려하여 어려운 용어를 과다하게 사용하는 교재는 지양해야 합니다. 예문을 통해 맥락 속에서 자연스럽게 익히며 문법적 요소들과 친숙해지는 데 목적을 두세요.

실제로 수업을 해보면 이미 리딩을 통해 많이 접해본 문법적 요소들임에도 불구하고 문법 요소에 대해서 정확히 인지하지 못하고 있는 학생들이 많습니다. 예를 들어 a, e, i, o, u 앞에서 a가 an으로 변화된다는 기본적인 부분에 대해서도 막상 질문을 하면 능숙하게 답변하지 못하는 모습도 보입니다. 기초 단계에서는 읽기활동으로 문장의 구조를 자연스럽게 습득하며 추가적인 문법 요소를 꾸준히 의도적으로 인지할 수 있게 도와주어야 합니다.

Step 2. 리딩으로 언어적 감을 키우며 영어로 된 문법책(한글로 문법 설명이 되어 있지 않은 교재) 학습

이 단계에서는 충분한 리딩으로 언어의 감을 꾸준하게 키워가며 문법적 요소를 추가시켜 주면 시너지가 극대화됩니다. 문법의 대표 예시문장으로 문법 요소를 이해하고 적용해 보며 말하기나 글쓰기에 사용할 줄 아는 것을 목표로 하세요. 예를 들어, 수여 동사에 관해 공부해 본다고 하겠습니다. 'Give me a chance.'라는 대표 문장을 통해 어순을 익힌 후, 'Give me your hand.', 'Give me your book.' 등의 예문을 통해 그 쓰임을 익숙하게 합니다. 예문이 어떻게 쓰이는지 이해하고 배운 내용들을 노트에 직접 정리하거나 작문 시 활용해 봅니다. 문법을 체화시키려면 배운 내용에 대한 적용이 꼭 필요합니다.

Step 3. 한글 문법책 학습

초등학교 고학년이라면 한국어 용어 설명이 들어간 교재로 학습을 시작하기에 적당합니다. 이때부터는 be 동사, 명사, 형용사, 동사 등의 용어와 익숙해지는 연습을 합니다. 용어 및 개념에 익숙해지며 개념을 외우는 것보다는 배운 내용에 대한 예문을 직접 작문해봅니다.

중학교에서 서술형 문제의 답을 기술하기 위해서는 자신의 주관적인 생각을 구조화된 글로 작성할 줄 알아야 합니다. 서술형 쓰기는 물론, 말하기를 대비하기 위해서는 올바른 스크립트 작성이 가능해야 합니다. 또한, 중학교 쓰기는 정확성과 유창성으로 나누어 평가합니다. 정확성 평가는 얼마나 문장을 어법에 맞게 구사할 수 있는지가 중요합니다. 유창성 평가는 나의 생각을 얼마나 잘 전달할 수 있는지가 중요합니다. 글쓰기를 저학년부터 꾸준히 해온 경우에는 어려움이 없는 영역이겠지만 글쓰기를 처음 접하는 학생들에게는 부담이 될 수 있습니다. 초등 영어 글쓰기를 통해 중학교에서 좋은 성적을 마련할 수 있는 기반을 잡으세요.

영어 글쓰기를 위한 문법 학습은 꼭 필요합니다.

문법 학습은 제2외국어 학습자에게 가장 필수적인 부분 중 하나입니다. 읽는 사람에게 글쓴이의 의도와 의미를 분명하게 전달할 수 있는 유창한 글쓰기를 위해서 꼭 필요합니다. 영어라는 언어를 더 자유롭게 사용할 수 있는 수단으로서 뼈대를 잡는 문법 학습을 병행하세요.

빨간 펜 체크가
피드백의 전부일까?

"선생님, 글쓰기가 너무 안 느는 것 같아서 고민이에요."

지연이는 6세부터 영어유치원을 다니면서 영어 학습을 시작하였습니다. 현재까지 연계 어학원의 꽤 높은 반에서 학습하는 4학년 여학생입니다. 영어 글쓰기가 늘지 않는 것 같다며 그동안 쓴 글을 가지고 첫 상담을 하게 되었습니다. 지연이가 보여준 것은 A4용지 한 장 정도의 분량을 주제별로 쓴 글을 모아둔 노트였습니다. 글의 길이는 충분히 길었습니다. 하지만, 본인이 주장한 근거의 논리성이 떨어지는 점이 눈에 띄었습니다.

지연이는 '내가 좋아하는 한식을 소개하기'라는 주제로 쓴 글을 보여주었습니다. 지연이의 글은 요리법 중심으로 나열되어 있었습니다. 하지만, 정작 내가 왜 이 음식을 좋아하는지에 대한 설명이 충분하지 않았습니다. 이 글은 이미 문법적인 오류나 스펠링에 대한 점검을 받은 후 다시 쓰는 과정까지 마무리한 글이었습니다.

그런데 왜 글쓰기의 수준이 향상되지 않았을까요?
문법적 오류를 수정 한다고 글의 질을 높일 수 있을까요?

글을 쓴 후, 내가 쓴 글에 대해 고민해 보고 자신이 제시한 이유가 타당한지 그렇지 않은지에 관한 피드백을 받을 기회가 있어야 합니다. 글의 오류는 문법적 오류만 있는 것이 아닙니다. 논리적 오류도 고려해 보아야 합니다. 문법적 오류 위주의 피드백만 받으면 글쓰기 수준을 향상하기 어렵습니다. 이러한 과정이 반복되면 영어 레벨에 비해 다소 유치한 글을 계속해서 쓰게 되는 것입니다. 그렇게 되면 리딩의 수준은 높고 쓰기 레벨은 낮은 간극이 생기게 됩니다. 피드백은 글의 전체적 수준을 향상하는 것을 목표로 해야 합니다.

영어 글쓰기 피드백이란 어떤 활동을 말하는 것일까요?
피드백은 제2외국어를 가르치고 배우는 과정에서 지식을 전달하고 흡수하는 것만큼 중요한 과정입니다. 영국의 언어학자 켄 하이랜드(Ken Hyland, 1951~)는 제2외국어로서의 영어 글쓰기 교육 분야의 전문가입니다. 그는 영어 글쓰기 피드백에 대해 "학생들은 작가로서 글쓰기 기술을 향상할 수 있으며 이 방법을 학습할 수 있도록 도와야 한다."라고 언급하였습니다. 피드백의 목적은 학생들이 글쓰기 기술을 향상하면서 더 수준 있는 글을 쓸 수 있도록 돕는 것입니다.

영어 글쓰기를 지도하면서 제가 가장 중요하게 생각하는 부분은 글쓰기는 일련의 과정이라는 것입니다. 피드백 또한 다음과 같은 항목들이 과정마다 적절하게 제공되어야 합니다.

1. 주제와 목적을 제대로 파악했는가?

전달하고자 하는 내용을 잘 전달하려면 일관성 있게 내용을 구성해야 합니다. 그러기 위해서는 주제를 정확하게 파악하고 쓰고자 하는 목적을 분명하게 짚고 넘어가야 합니다. 내가 쓰려는 글의 주제가 무엇이고, 글의 목적이 설명인지, 묘사인지, 설득인지 등을 제대로 파악해야 합니다.

2. 배경지식을 키우기 위해 어떤 자료를 읽어야 할까?

내용을 구성하기 전에 읽기 자료를 학생들에게 적절하게 제공해 주면 논리적으로 더 탄탄한 글을 쓸 수 있습니다. 주제에 관련된 책이나 뉴스, 인터넷 검색을 적절하게 활용할 수 있게 도와줘야 합니다.

3. 문단을 잘 구성하고 조리 있게 연결되었는가?

문단이 하나의 이야기를 논리 있게 하고 있는지 구성된 문단이 흐름에 맞게 잘 연결되고 있는지를 검토해야 합니다. 학생들이 스스로 사용할 수 있는 연결어(First, Last, Finally 등)를 통해 문단이 매끄럽게 이어질 수 있도록 지도해야 합니다.

4. 아이디어와 주장의 근거들이 타당한가?

5. 문법과 맞춤법 및 표현에 오류는 없는가?

이와 같은 요소들을 점검하면서 선생님과 학생이 피드백에 서로 소통해야 합니다. 의견을 주고받으며 더 유용한 피드백을 전달할 수 있습니다. 학생들도 선생님이 작성해 준 코멘트가 전달하고자 하는 의미를 분명히 아는 과정이 필요하기 때문입니다. 스스로 받은 피드백에 대해 잘 인지한 후, 다시쓰기 과정을 한다면 글쓰기의 실력이 향상 될 수밖에 없습니다.

함께 실력이 오르는 피어 에디팅

피드백을 주는 과정을 그룹 활동으로 활용해 볼 수 있습니다. 피어 에디팅(Peer Editing)이란 같은 수업을 듣는 또래 친구들이 서로의 글에 대해 평가해 주는 활동입니다. 서로 글에 대해 분석하며 글쓰기와 수정

능력을 키울 수 있는 활동입니다. 다른 사람의 글을 수정해 주는 활동을 통해 자신감도 기를 수 있습니다.

피어 에디팅을 할 때는 피드백을 받는 사람이 읽기 쉽게 기술해야 합니다. 또한 개선해야 할 방향을 구체적으로 작성해야 합니다. 피어 에디팅 활동은 피드백을 주는 학생, 받는 학생 모두에게 의미 있는 활동이 됩니다.

이를 활용한 수업 활동으로는 학생의 글을 전시하며 여러 명의 피드백을 주고받기, 익명으로 피드백 주기, 의견 써주기 편지쓰기 및 점수표 작성으로 응용해 볼 수 있습니다.

피드백을 어떻게 활용해야 할까요?

"다른 과목은 아이 숙제를 도와주는 게 어렵지 않은데, 영어 글쓰기는 어떻게 도와주어야 할지 감이 안 와요."

"집에서 영어 글쓰기를 도와주고 싶은데 방법을 모르겠어요."

얼마 전 우리 학원의 간담회에서 부모님들이 하신 말입니다. 영어 글쓰기 수업 후 가정에서 어떤 활동을 하면 자녀에게 더 도움이 될 수 있을지 고민이 많았습니다. 그러면 수업 시간에 받은 피드백을 가정에서 어떻게 활용해 볼 수 있을까요? 가정 또는 교실에서 함께해 볼 방법을 소개해 보겠습니다.

첫째, 기본적으로 문법적 오류가 들어 있는 문장은 다시 쓰기(re-write) 과정을 통해 오류를 인지하며 다시 한 번 써봐야 합니다. 보통 학생들은 이미 썼던 내용을 다시 쓰는 것을 좋아하지 않습니다. 하지만, 완벽한 문장으로 써보는 습관을 꼭 길러야 합니다.

둘째, 오늘 내가 성취해야 할 목표 한 가지 정하기입니다. 한 편의 글을 쓴 후 받을 수 있는 피드백은 다양합니다. 모든 것을 하루아침에 고치기는 어렵지만 한 가지씩은 고쳐보려고 노력할 수 있습니다. 오늘 집중해야 할 부분을 한 가지 정해봅니다. 예를 들면 가족들과 여행을 갔던 경험에 관해 쓴 글을 써보았다고 해보겠습니다. 보통 학생들이 자주 하는 실수는 시제를 혼동해서 쓰는 부분입니다. 현재시제와 과거시제를 번갈아 사용한 부분이 있었다면 '시제에 더 집중해서 과거 형태로 써야겠다.'와 같이 한 가지 부분에 집중해 봅니다.

셋째, 이미 있었던 일을 작성하는 경우, '아침에 일어나서 밥을 먹고 출발했다.' '우리는 몇 시에 목적지에 도착했다.' '도착 후 점심을 먹었다.'와 같이 시간의 순서대로 문장만 나열하는 경우가 많습니다. 이럴 때는 의미 있는 사건에 대해 더 구체적으로 생각하고 써볼 수 있도록 아이와 대화를 이끌어 보는 것도 좋은 방법입니다. 대화를 통해 아이들은 생각보다 쉽게 글쓰기 소재를 찾아냅니다. 스스로 쓴 글에 한 번 더 생각해 보려는 노력을 할 수 있도록 도와주세요.

피드백은 단순하게 문법적 오류를 빨간 펜으로 수정하여 올바른 문장을 쓰는 것이 아닙니다. 글을 쓰는 전 과정에서 함께 수반되어야 합니다. 영어를 제2외국어로 배우는 학습자가 굳어진 습관을 고치고 더 나은 글을 쓸 기회를 얻는 과정입니다. 피드백을 받고 수정하는 노력을 꾸준히 하세요. 지속적인 글쓰기 훈련과 피드백을 통해 부족한 점을 보완하려는 노력이 영어 글쓰기 능력을 키울 수 있습니다.

Step 1.

세상 쉬운
한 문장 쓰기부터
시작하자

1

초급 레벨 글쓰기,
이것만은 하고 시작하자

"연필을 잡고 영어 단어 쓰는 연습은 해본 적이 없어요."라며 한 학생과 어머님이 상담을 요청했습니다. 시은이는 초등학교 1학년 때부터 알파벳과 파닉스를 배우기 시작했습니다. 시은이 어머님은 아이가 영어를 재미있게 배웠으면 좋겠다는 생각으로 스피킹과 액티비티 위주의 기관을 선택했습니다. 시은이는 영어에 익숙해지고 원어민 선생님과 어느 정도의 의사소통이 가능해졌습니다. 그러나 아직 문장 쓰기가 되지 않아 상담을 오셨습니다. 아주 기초적인 'school' 같은 단어의 스펠링도 한참을 고민한 후 쓸 수 있었습니다. 기본적인 쓰기가 병행되지 않는 학습이 장기간 계속되면 쓰기와 말하기 영역에서의 불균형이 찾아오게 됩니다.

그럼, 영어 글쓰기를 위한 연습은 언제부터 시작해야 할까요? 영어 글쓰기도 한글 글쓰기처럼 준비하는 과정이 필요합니다. 한글을 쓸 때도 처음부터 긴 문장을 쓸 수 없습니다. 단어부터 받아쓰기 연습, 짧은 문장 쓰기와 같은 기초를 다지는 노력이 필요합니다. 영어도 쓰기를 위한 연습을 해야 합니다. 그럼 쓰기를 잘 하기 위한 연습이란 무엇일까요?

정답은 읽기 및 쓰는 습관 기르기입니다. 기초레벨부터 해볼 수 있는 활동을 소개하겠습니다.

1) 레벨에 맞는 쉬운 원서 읽는 습관 기르기

수업을 위해 찾아오는 학생들을 보면 영어 원서 읽기 경험이 전혀 없는 학생들도 있습니다. 이런 학생이 영어학습을 하며 가장 길게 읽어본 지문은 교재 속의 한 페이지 정도의 분량일 것입니다. 긴 호흡의 글을 한 번도 경험해 보지 못하며 영어 공부를 해왔다는 것이 안타까울 때도 있습니다.

원서 읽기를 통해 영어를 더 깊게 이해하고 표현하는 방법을 배울 수 있습니다. 원서를 통해 긴 글을 읽는 경험을 할 수 있고, 작가와 소통하며 다양한 문체와 문형들을 경험할 수 있습니다. 영어 원서도 쉬운 레벨부터 다양한 책이 있습니다. 학생이 읽고 싶은 책을 직접 고르며 흥미롭게 시작해 볼 수 있습니다. AR지수 1점대 영어 원서(원어민 1학년 학생이 읽는 수준의 책)는 난이도가 낮기 때문에 초보자도 쉽게 접근할 수 있습니다. 삽화가 직관적으로 글과 연결되어 있어 단어의 의미를 모르더라도 그림을 통해 내용을 이해할 수 있습니다. 점점 난이도 높은 책을 선택하면서 리딩 습관을 길러주세요. 리딩을 통해 글쓰기를 위한 기본기를 탄탄하게 갖추게 됩니다.

기초 레벨의 친구들은 아직 한국어가 영어보다 편하기 때문에 한국어 영상을 보거나 한국어 도서를 읽는 것을 더 선호합니다. 저는 아이의 영어 노출을 영, 유아 시기부터 시작했습니다. 그럼에도 불구하고, 한글이 더 익숙하고 편해진 아이는 영어로 된 책을 읽기 싫어하고 영상도 한글로 보고 싶어 하던 시기가 있었습니다. 이때 아이의 눈에 띄는 장소에 책을 계속 두었습니다. 또 관심 있어 하는 분야의 원서 책을 권유하며 영어 원서를 친숙하게 느낄 수 있도록 해주었습니다. 원서 속의 그림이나 캐릭터에 대해 대화도 해보고, 원서와 관련된 영상이 있으면 보여주기도 했습니다. 이러한 과정을 통해 아이는 자연스럽게 원서를 읽게 되었습니다. 원서를 꾸준하게 읽으며 글쓰기 실력의 좋은 재료를 쌓아갈 수 있도록 도와주세요.

2) 쓰기 활동을 책과 함께하는 습관 기르기

북 리뷰 쓰기는 대표적인 독후 활동입니다. 초급 단계에서도 간단한 북 리뷰 활동을 해볼 수 있습니다. 이미 리딩을 통해 내용을 인지하고 있기 때문입니다. 이 단계에서는 다음 항목으로 작성하면 충분합니다.

첫째, 책의 제목 쓰기

둘째, 작가 이름 쓰기

셋째, 내가 가장 마음에 들거나 인상 깊었던 부분을 보고 따라 써보기

넷째, 인상 깊었던 부분을 직접 그려보기

다섯째, 책에 대해 별점으로 평가하기

내가 가장 좋아하는 부분이나 인상 깊었던 부분을 필사해서 쓸 수 있기 때문에 초급 레벨 학생들에게 적합합니다. 한 번 읽은 책을 덮는 것이 아니라 다시 책을 뒤적이며 독후 활동을 하는 좋은 습관을 길러줄 수 있습니다.

3) 연필로 쓰는 습관 기르기

"연필은 더 많은 것을 시작할 수 있는 작은 도구다."

19세기 미국의 유명한 철학자이자 시인인 랄프 월도 에머슨(Ralph Waldo Emerson, 1803~1882)의 말입니다. 왜 연필로 쓰는 연습이 중요할까요? 실제로 손 글씨로 쓴 글을 보면 학생의 학습 태도와 공부에 대한 의지를 확인할 수 있습니다. 꾹꾹 눌러 쓴 손 글씨를 보면 열심히 하려는 의지가 보입니다. 또한 성실하게 글을 쓰는 태도를 갖춘 학생들은 구두법이나 철자도 더 올바르게 쓰는 경향이 있습니다.

토론토 대학에서 연필로 손 글씨 쓰기(Pencil Control)와 글쓰기 능력

과의 관계를 연구하였습니다. 펜슬 컨트롤이 글의 문법적 정확성과 문장 구조에 영향을 미치며, 글의 수준을 향상할 수 있다는 연구 결과를 얻었습니다. 연필로 글을 쓰는 것은 글자와 단어를 일관되게 써서 글의 가독성을 높이는 데 도움이 됩니다.

요즘에는 온라인 프로그램을 활용하여 영어 학습이 다방면으로 이루어지고 있습니다. 그래서 손으로 단어를 직접 쓰면서 학습하는 것을 어려워하는 학생들이 많아지고 있습니다. 연필을 잡고 단어를 쓰는 연습은 꼭 필요합니다. 눈으로는 익힐 수 있지만 막상 손으로 써보면 정확하게 모르고 있는 경우가 있습니다. 연필을 잡고 단어를 쓰는 습관을 길러주세요. 자연스럽게 쓰기를 가능하게 만들어 줍니다.

4) 어휘력 키우는 습관

새로운 단어를 지속적으로 학습하여 어휘력을 향상해야 합니다. 단어는 모든 영역의 기초체력을 키워줍니다. 기초 레벨에서는 단어를 보고 쓰고 외우는 것이 훈련이 되어 있지 않을 수 있습니다. 읽고 있는 원서나 영어 리딩 교재에 나오는 단어를 중심으로 어휘를 늘려주세요. 조금 더 보충이 필요하다면 별도의 어휘만으로 구성된 교재를 구입하여 공부하는 것도 유익한 방법입니다.

단어의 양을 더 늘리고 학습의 흥미를 느낄 수 있도록 도와주기 위해 다음과 같은 활동을 소개합니다. '이미지와 함께' 학습하는 방법입니다. 단어를 시각화하면 기억하기 쉽습니다.

영어 단어에 해당하는 실제 물건을 보여주는 것(realia)은 쉽고 효과적인 방법입니다. 단어 플래시 카드를 이용하는 것도 좋은 방법입니다. 단어 카드를 만들어서 단어를 보고 발음하고, 뜻을 외우도록 합니다. 카드에는 단어와 그림, 뜻이 포함되어 있어야 합니다. 저는 수업시간에 카드를 넘기면서 뜻을 맞추는 놀이를 합니다. 학생들이 굉장히 집중하며 대답도 열심히 하는 모습을 볼 수 있습니다. 카드를 다 뒤집어 놓고 메모리 게임 및 그림을 보고 뜻을 맞추는 게임으로 활용해 볼 수 있습니다.

단어를 소개할 때는 단어만 소개하는 것이 아니라 문맥을 활용해서 말해주세요. "I put my _____ there."과 같이 빈칸에 들어갈 단어를 말해보도록 합니다. 이 단계에서는 학생들이 접하는 어휘가 단순합니다. 이미지화하기도 쉽기 때문에 학생들을 흥미롭게 지도할 수 있습니다.

초급 레벨에서는 글쓰기 시작을 위해, 좋은 습관을 기르는 활동들을 해야 합니다. 쉬운 영어 원서를 읽는 습관, 영어 원서를 활용한 쓰기 습관, 손으로 연필을 잡고 쓰는 습관, 어휘력을 키우는 습관을 키우며 글쓰기 활동을 시작해 주세요. 모든 것은 습관부터가 시작입니다.

"습관이 답입니다."

2

문장 구성 방법부터 배워보자

데이비드 누난(David Nunan, 1949~)은 오스트레일리아의 언어학자입니다. 교육자 및 작가로서 언어교육 방법론과 교사 교육에 크게 기여한 인물입니다. 제2외국어로서의 영어 교육과 학습에 큰 영향을 주었습니다. 그는 자신의 저서에서 말하기와 듣기가 자연스럽게 이루어지는 활동이라면 읽기와 쓰기는 인위적인 노력이 수반되어야 하는 활동이라 언급하였습니다. 즉, 쓰기가 되려면 지속적인 연습이 필요하다는 말입니다.

현우는 가정에서 엄마와 충실히 영어 원서를 읽어왔습니다. AR지수 4점대의 책의 도서를 정독하며 원서 리딩을 즐기는 학생이었습니다. 수준 있는 독서를 하고 있고 레벨도 점차 상승되어 가고 있었습니다. 하지만 읽기 능력에 비해, 글쓰기가 아직 어렵게 느껴져서 저를 찾아왔습니다. 리딩 위주로 영어 학습을 하다 보면 이렇게 영역별로 균형이 깨지게 되는 경우가 있습니다. 읽기와 쓰기가 고르게 발전하려면 초급레벨부터 글쓰기 연습도 같이 시작해야 합니다.

"아직 문장을 정확히 못 쓰는데 글쓰기 시작해도 되나?"

"영어 글쓰기는 언제부터 해야 할까?"

"아직 문법을 모르는데 문장을 쓸 수 있을까?"

"아직 실력이 부족한데 Writing이 될까?"

이러한 고민을 한 번쯤은 해보셨을 것이라고 생각합니다. 당연히 처음부터 문장, 문단, 글을 쓸 수는 없습니다. 문단과 글을 쓰기 위해서 우리는 문장을 쓰는 연습부터 시작해야 합니다.

아직 작문이 되지 않는 초급 레벨에서 연습할 수 있는 몇 가지 활동을 정리해 보았습니다. 우선, 문장의 구조를 익히는 연습을 해야 합니다. 문장이 어떻게 구성되는지 언스크램블 (Unscramble) 활동으로 쉽게 훈련이 가능합니다.

이 활동은 어그러진 문장의 순서를 올바르게 만드는 활동입니다. 학생들을 지도하면서 가장 간단하면서도 큰 효과를 본 방법 중 하나입니다. 문장 쓰기가 완벽히 되지 않더라도 가능합니다. 그래서 기초 리딩 단계부터 이 활동을 하게 하도록 하고 있습니다. 예를 들어 'We make a sand castle.'라는 문장이 있습니다. 이 문장이 make / sand / a / we / castle / . 이라고 나열 되어 있습니다. 이것을 올바른 순서로 배열하는 활동입니다. 보통 학생들이 사용하는 영어 리딩 교재의 워크북을 포함되어 있거나 홈페이지에서 활동지를 쉽게 다운로드 받을 수 있습니다.

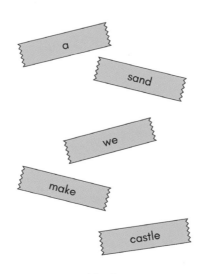

Unscramble the Sentence

단어를 직접 써서 카드로 만들어 주는 것도 좋은 방법이 됩니다. 'We make a sand castle.'이라는 문장은 총 5개의 카드를 만들 수 있습니다. 이렇게 카드를 만들고 순서 맞추기 하는 활동을 해 볼 수 있습니다. 시간을 정해서 누가 더 빨리 정확하게 단어를 만들 수 있는지와 같은 활동을 학생들과 해 볼 수 있습니다.

쉬운 설명을 통해 이해하고 예문으로 적용하는 Grammar Class

'My brother sings loudly in his small room.'

"우리 이 문장을 함께 읽어보자. 이 문장에서 My brother은 행동을 하는 사람이야. 우리는 문장에서 사람이나, 사물, 장소 및 동물을 noun, 명사라고 불러. 그래서 my brother은 명사라는 성분이 되는 거야.

sings는 우리 몸으로 하는 행동을 나타내주는 단어이지? 이렇게 행동을 나타내는 단어를 동사, verb라고 해.

loudly는 어떤 요소가 될까? 내가 한 행동에 대해 더 구체적으로 설명해 주었기 때문에 부사, adverb가 되는 거야."

저학년 학생들이 문법적 용어를 인지하고 그것을 파악하는 것은 쉽지 않습니다. 그래서 예문을 제시하면서 설명하는 방법이 효과적입니다. 초급 레벨에서는 이 순서를 꼭 기억해서 문장의 문법적 요소를 알려주세요. 첫 번째는 쉬운 설명으로 이해시키기, 두 번째는 예문으로 적용하기입니다.

먼저, 학생들에게 명사, 동사, 형용사, 부사의 개념을 쉽게 풀어서 설명해 주어야 합니다. 저는 수업 시간에 최대한 아이들이 이해하기 쉬운 말을 사용해서 설명해 줍니다. 명사는 사람, 사물, 장소, 동물 등을 가리킵니다. 이때 그림을 그려주거나, 사진 또는 실제 물건을 보여주며 알려주면 유용합니다. 동사는 동작을 나타내는 말입니다. 동사에 대해 알려줄 때는 직접 몸짓을 하면서 설명합니다. 그리고 내가 오늘 한 행동에 대해서 말해보게 하고 그것을 동사라고 인지시켜줍니다. 형용사는 사람, 사물, 장소, 동물 등이 어떤 상태인지를 더 자세하게 알려주는 말입니다. 저는 학생들에게 이런 예시를 들어줍니다.

"오늘 선생님이 아이스크림을 먹었어. 이 말을 들었을 때 너희들의 머릿속에 생각나는 아이스크림은 어떤 종류야?" 하고 물어보면 보통 학생들은 각기 다른 대답을 합니다.

"선생님이 먹은 아이스크림은 딸기와 초콜릿 맛이 섞인 소프트 아이스크림이야. 이렇게 대답을 해주면 우리 머릿속에 똑같은 아이스크림이 그려지지? 그렇기 때문에 어떠한 아이스크림인지 명백하게 이야기해야 해. 내가 의도하고자 하는 말을 더 정확하게 전달하고 이해시킬 수 있어. 이렇게 분명한 이미지를 주는 역할을 하는 단어를 형용사라고 불러."라고 이야기해 줍니다. 용어는 반드시 쉬운 말과 이해가 가기 쉬운 예시를 들어 설명해 주세요.

또한 배운 내용을 학생들과 함께 액티비티로 활용해 볼 수 있습니다. 예를 들어, 문장을 나누어 학생들이 주어, 동사, 목적어를 찾아서 맞추는 게임을 할 수 있습니다. 선생님 또는 학생이 문장을 만듭니다. (예: "The lion is sleeping.") 문장을 카드로 만듭니다. 'The lion'은 주어 카드, 'is sleeping'은 동사 카드가 됩니다. 학생들은 준비된 카드를 이용하여 주어, 목적어, 동사를 맞추는 게임을 합니다. 문장은 배운 내용을 중심으로 다양하게 응용해 볼 수 있습니다. 학생들이 적극적으로 참여하며 문장 구조에 대해 이해할 기회를 줍니다.

주어진 템플릿을 바탕으로 빈칸을 채우는 활동도 활용해 보세요. 이 방법은 문장을 정확하게 만들지 못하는 학생들에게 굉장히 유용합니다. 초급레벨의 학생이 글쓰기를 시작하는 데 큰 가이드가 됩니다. 학생들이 자신이 알고 있는 어휘와 문법을 최대로 활용하여 작문 연습을 해보게 되기 때문입니다. 저의 수업에서는 주제와 관련된 문장 여러 개를 가이드라인으로 제시하여 줍니다. 예를 들어 내가 좋아하는 활동들에 관해 써보겠습니다.

우선 학생들이 사용해볼 만한 단어들을 제시해줍니다.

read a book, ride a bicycle, jump rope, go shopping, draw pictures, play a game

그런 후, 이 단어들을 적용해 볼 수 있는 프레임을 채울 수 있도록 제시해줍니다.

I like to _____.

I don't like to _____.

글쓰기를 위해 문장이 구성되는 방법을 알아야 합니다. 초급레벨에서 문장을 쓰기 위해, 할 수 있는 활동들이 다양합니다. "아직 쓰기를 시작하기에는 이른 것 같아." "아직 때가 아니야."라고, 생각하지 마세요. 문장 구성 방법을 익히고 예문에 적용해가며 훈련할 수 있습니다. 알고 있는 단어와 단어를 조합하여 문장으로 만드는 것부터 시작하세요.

(3)

원서 리딩과 글쓰기,
이렇게 연계하라

 원서를 읽는 것과 글쓰기 연습을 함께 하는 것은 매우 유용한 방법입니다. Step0의 2장에서 언급했던 언어학자 스티븐 크라센(Steven Krashen, 1941~)은 원서를 읽는 것이 언어 학습에 큰 도움이 된다고 주장합니다. 원서를 통해 학습자는 자연스럽게 언어를 익히고, 문법과 어휘 실력을 향상할 수 있다고 말합니다. 또한, 원서를 읽는 것은 문장 구조, 표현 방법, 문맥 등 학습자가 다양한 언어적 요소를 경험할 기회를 제공합니다.

 저는 수업 교재로 원서를 활용하고 있습니다. 학생들의 레벨에 맞추어 선정한 한 권의 원서를 같은 반 학생들이 함께 정독합니다. 내용을 파악하고 어휘를 확장합니다. 이해도를 확인하는 문제를 풀고 독후 활동으로 자기 생각을 표현할 기회를 줍니다.

영유아기 때부터 영어유치원을 다니거나 큰 비용을 투자해야 영어를 잘하게 된다고 생각하는 사람들도 있습니다. 초등학생이 된 이후에 영어 학습을 시작했지만, 좋은 성과를 만들어 낸 친구들의 공통점 있습니다. 바로 원서 읽기가 영어 학습과 함께 병행되었다는 점입니다. 영어 원서 는 보통 하나의 시리즈로 여러 권의 도서가 구성된 경우가 많습니다. 하 나의 시리즈 안에 여러 권의 도서를 읽는 것은 영어 학습의 좋은 방법이 됩니다. 스토리를 더 깊게 이해하면서 책 속의 문체와 자주 나오는 어휘 를 자연스럽게 반복하며 익힐 수 있습니다. 또한 읽기 능력이 향상됨에 따라 다양한 원서를 선택하여 레벨을 점차 높여갈 수 있습니다. 학생의 성취감도 키울 수 있게 됩니다.

그럼 원서 리딩 후, 글쓰기 연습을 할 수 있는 독후 활동 몇 가지를 소 개해 보겠습니다.

가장 쉽게 할 수 있는 활동은 필사하기입니다. 초급레벨 학생들도 손 쉽게 할 수 있습니다. 꼭 문장을 만들어 낼 필요가 없기 때문에 학습자의 입장에서도 부담이 되지 않습니다.

"필사는 우리가 학습한 것을 깊이 이해하고, 기억하며 적용할 수 있도 록 도와줍니다. 필사는 우리의 학습 과정을 완성하는 보충제입니다."

미국의 작가이자 경영 컨설턴트, 사회학자인 피터 드러커(Peter Ferdinand Drucker, 1909~2005)의 말입니다. 그는 국내에서도 다양한 경영 전문 서적을 출판했습니다.

원서를 필사하면서 얻을 수 있는 장점은 다양한 연구결과에서도 증명 되고 있습니다. 하버드 대학교의 교육학자들은 필사가 학습과 기억에 미 치는 영향을 연구했습니다. 필사가 학습 성과와 기억력 향상의 긍정적인 영향을 미친다는 연구 결과를 발표했습니다. 또한 메사추세츠 공과대학 교의 인지과학자들은 필사가 정보 처리 능력과 기억력을 향상하는 방법 으로 작용한다는 가설을 검증하는 연구를 하였습니다. 그들은 필사가 정 보 처리 속도와 기억력을 향상하는데 유용하다는 결과를 얻었습니다. 학 생들은 자신의 레벨에 맞는 원서의 필사를 통해, 새로운 단어와 표현을 접하게 됩니다. 필사만큼 쉽게 접근할 수 있으면서 다양한 장점이 있는 활동도 없을 것입니다.

다음은 초급레벨부터 시작해 볼 수 있는 다양한 독후 활동에 대해 소 개해 보겠습니다.

1) 북 리뷰 쓰기

처음에는 책의 제목, 작가 이름과 같은 기본적인 정보를 적어 보는 것부터 시작합니다. 기본적인 정보를 분명하게 아는 것은 원서 읽기를 습관화하고 흥미를 느끼게 해줍니다. 작가의 이름을 알면, 해당 작가의 다른 책도 찾아볼 수 있습니다. 작가에 대한 관심과 선호도가 형성되면, 더 많은 작품을 접하고 다양한 이야기를 즐길 수 있는 계기가 됩니다.

NAME:_____ DATE:_____

BOOK REPORT

BOOK: _____
AUTHOR: _____
START DATE:_____ END DATE:_____

I GIVE THIS BOOK: ☆☆☆☆☆

MY FAVORITE PART WAS:
_____
_____
_____
_____

[북 리포트 워크시트]

2) 등장인물 분석

책에서 등장하는 캐릭터에 대해 분석해 보세요. 초급레벨 학생들도 어렵지 않게 시작할 수 있습니다. 등장인물의 이름, 나이, 외모, 성격의 장점, 단점 등을 써봅니다. 이렇게 등장인물을 분석해보며 학생들은 인물에 대해서 더 잘 이해할 수 있습니다. 등장인물을 그려볼 수도 있습니다. 등장인물의 프로필에 맞는 형용사나 부사를 활용할 수 있도록 해줍니다. 인물을 구체적으로 묘사해서, 등장인물을 모르는 학생도 듣고 이해할 수 있도록 해야 합니다.

NAME:_____ DATE:_____

CHARACTER PROFILE

APPERANCE:

_____
_____
_____
_____

PERSONALITY:

_____
_____
_____

WHAT DO CHARACTERS DO IN THIS STORY?

_____
_____
_____

[등장인물 분석]

3) 새로운 북 커버 만들기

   기존 책의 제목을 새롭게 바꾸거나, 책의 표지를 스스로 다시 그려보는 활동입니다. 그림을 그리는 활동은 학생들이 쉽게 해 볼 수 있습니다. 문장을 많이 써야 한다는 부담이 없습니다. 하지만 내가 읽은 책의 중요한 부분과 전달하려는 핵심 메시지가 무엇인지를 파악해야만 가능합니다.

Create Your Book Cover
- Draw a new book cover. Remember to include the title and author of the book.

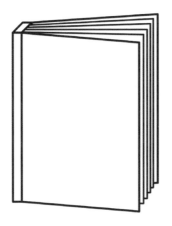

[새로운 북 커버 만들기]

4) 책에 대해 짤막한 안내문, 광고문,
추천 글을 써보는 블러브(Blurb) 쓰기

저는 학생들에게 꼭 책의 내용만 읽어야하는 것은 아니라는 것을 가르쳐주고 싶습니다. 그래서 이 활동을 의미 있게 활용하고 있습니다. 책은 앞표지, 삽화, 뒷부분, 목차 등 모든 부분에서 우리에게 주려는 메시지가 있습니다.

[블러브 예시]

블러브(Blurb)는 책의 뒷부분에서 볼 수 있습니다. 책에 대한 짧은 소개 글로 요점을 간략하게 전달하는 역할을 합니다. 책의 내용에 대해 질문을 던지며 흥미를 유발하기도 합니다. 블러브를 쓸 때는 결론 부분이나 책의 전반적인 줄거리에 대해서는 자세하게 기술하지 않아야 합니다. 책을 읽고 싶게 만드는 예고편이라고 생각할 수 있습니다. 이런 블러브를 직접 써보는 활동을 해보세요. 독후 활동을 다양하고 흥미롭게 해 볼 수 있습니다.

5) 후속 이야기 써보기

책의 이야기를 이어 나가는 후속 이야기를 작성해 보세요. 학생들은 상상력을 발휘해서 새로운 이야기를 만들어 보는 활동을 해 볼 수 있습니다. 초급레벨에서는 그림과 예시 문장 템플릿을 최대한 활용하는 것이 좋습니다. 짧은 이야기, 글, 만화 형태 등 다양하게 시도해 볼 있습니다. 완성된 결말은 같은 반 친구들과 서로 비교해 보는 활동으로 마무리해 볼 수 있습니다.

6) 어휘 정리하기

책에서 알게 된 새로운 단어를 찾아보고, 그 의미와 사용법을 정리하세요. 너무 어렵게 생각할 필요가 없습니다. 단어장을 사용해서 어려운 단어를 정리하는 것부터 시작하세요. 예문까지 써본다면 더욱 좋겠죠. 어휘 정리를 통해 "지난번에 적어두었던 표현이 여기 또 있었네." 하는 과정의 경험은 사용가능한 어휘를 확장하는 데 큰 도움이 됩니다.

7) 원서를 활용해서 배운 문장의 예문을 직접 찾아보는 활동

저는 수업 시간에 원서에서 문법적 요소나 주어, 동사, 목적어의 예시를 찾는 연습을 자주 활용하고 있습니다. 초급레벨의 원서는 글자가 크고 가독성이 좋아 학습적으로 사용하기가 유용합니다. 예를 들어 문장을 발췌하여 어떤 부분이 명사, 동사, 목적어, 부사, 형용사인지 문장을 분석해볼 수 있습니다. 또한 문법적 요소를 파악하여 적용해 보는 활동을 해 볼수 있습니다. 예를 들어 문법의 현재 진행형을 배웠을 경우 -be+ing형태의 문장을 읽고 있는 원서에서 찾아보는 것입니다. 정해진 개수를 먼저 찾거나 가장 많이 찾은 학생이 이기는 게임을 해 볼 수 있습니다. 학생들이 혼동하는 문법적 요소들을 분석해보세요. 학생들이 배운 문법적 지식이 어떻게 활용되고 있는지를 책 속에서 찾아볼 수 있습니다.

영어 원서를 읽은 후, 내가 읽은 책을 활용하는 다채로운 활동을 해보세요. 글쓰기 실력을 키울 수 있습니다. 북 리뷰 쓰기, 캐릭터 분석하기, 북 커버 만들기, 후속 내용 쓰기, 예문 찾기 활동을 통해 입력된 내용을 출력할 수 있도록 최대한 노력해 보세요. 독후 활동으로 영어 읽기와 글쓰기의 균형 잡힌 실력을 키울 수 있습니다.

4

흥미를 불러일으키는
비주얼라이징(Visualising) 활용법

초급레벨에서 비주얼 자료를 활용하는 방법은 꿩장히 큰 도움이 됩니다. 문장과 나의 생각을 연결해 주는 다리가 되기 때문입니다. 나의 아이디어를 표현하는 한 방법입니다. 또한 영어로 표현하기 전에 내 생각을 정리할 수 있게 도와줍니다.

비주얼라이징은 크게 세 부분으로 나누어 볼 수 있습니다. 첫 번째로 다이어그램 활용하기, 두 번째로 일러스트레이션을 활용하기, 세 번째로 사진을 활용하기입니다.

다이어그램을 활용은 매우 유용합니다. 다이어그램을 활용하는 방법 중 첫 번째로, 브레인스톰(Brainstorm)에 대해 이야기해 보겠습니다. 단계를 불문하고 저는 글쓰기 과정 중 브레인스톰을 가장 중요하게 생각합니다.

"아무리 어리석은 아이디어라도 용기 있게 제시해 보아라. 그것이 더 나은 아이디어를 불러일으킬 수 있다."

프랑스의 유명한 작가 마르셀 프루스트(Marcel Proust, 1871~1922)의 말입니다. 글쓰기를 위해서 내가 가지고 있는 아이디어를 자신감 있게 꺼내는 과정이 꼭 필요합니다. 브레인스토밍 과정은 학생들이 자유롭게 아이디어를 내고 새로운 관점을 가질 수 있도록 해줍니다. 글쓰기 시작을 어려워하는 학생들이 많이 있습니다. 글쓰기 시작을 쉽게 해주는 가장 간편하고 유용한 방법이 바로 브레인스토밍입니다. 가운데 원형에 주제를 적고 그것과 관련된 생각들을 자유롭게 쓰도록 합니다. 주제를 중심으로 가지를 뻗어가며 아이디어를 확장해 나가는 방식입니다.

브레인스토밍을 통해 글의 소재에 대해 자유롭게 생각해 볼 수 있습니다. 자신의 생각을 쓰는 것을 주저하는 친구들이 있습니다. 내가 쓰는 내용이 맞나 틀리나 의심을 하기도 합니다. 틀리는 것이 두려워서 연필을 잡고 시작하는 것을 망설이기도 합니다. 이럴 때일수록 "틀려도 괜찮다.", "맞고 틀리는 게 중요한 것이 아니다.", "네가 쓰는 모든 생각은 중요하며 글을 쓰는 데 도움이 된다."고 용기를 줘야 합니다. 처음에는 "어떻게 써야 할지 모르겠어요."라던 학생들도 함께 생각을 풀어 나가다 보면 스스로 자신이 모르는 게 아니었다는 것을 알게 됩니다.

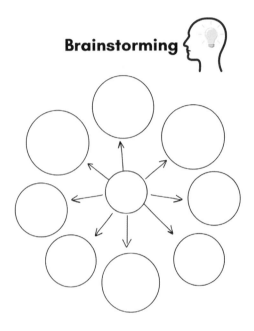

[브레인스토밍 이미지]

이밖에 다이어그램의 종류는 다음과 같이 다양합니다. 공통점과 차이점을 정리 할 때, 오감을 활용해서 글쓰기를 할 때, 사실에 대해 정리해 볼 때와 같이 경우에 따라 다른 종류의 다이어그램을 활용해 볼 수 있습니다. 글쓰기의 단계나 목적에 맞는 다이어그램을 활용하면 글쓰기를 훨씬 수월하게 시작할 수 있습니다.

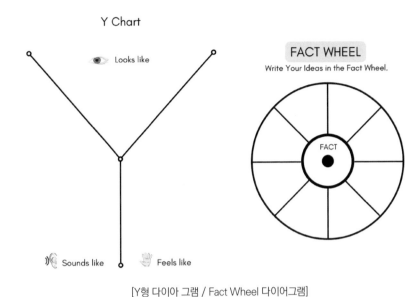

[Y형 다이아 그램 / Fact Wheel 다이어그램]

　다음은 이미지 및 사진을 활용하여 가이드라인을 주는 것입니다. 초급레벨에서는 다양한 사진이나 이미지를 글쓰기 활동에 이용할 수 있습니다.

　학생들에게 특정 그림을 제시해줍니다. 이미지를 보면서 내용을 묘사하며 글쓰기를 할 수 있도록 해주세요. 사진이나 이미지를 제공하면 학습자는 무엇에 대해 쓸 것인지에 대해 오래 고민할 필요가 없습니다. 초급레벨에서는 서론, 본론, 결론에 맞는 논리적인 글을 쓰기 어려운 단계입니다. 그래서 사진과 함께 작문할 단어들을 제시주면 큰 도움이 됩니다. 학생들은 주어진 이미지를 더 디테일하게 묘사해 볼 수 있습니다.

비주얼라이징을 글쓰기 연습에 활용할 수 있는 방법 중 하나가 랩북 (Lap book) 만들기입니다. 랩북은 학생들이 주제별로 자료를 구성해서 만드는 작은 책입니다. 랩북은 글쓰기뿐 아니라, 자기 주도적인 학습을 도와줄 수 있습니다. 제가 수업시간에 유용하게 활용하고 있는 랩북을 만드는 방법을 소개해 보겠습니다.

우선, 주제를 결정해야 합니다. 저는 수업 시간에 다루는 리딩 지문을 더 심도 있게 학습할 필요가 있을 때, 이 활동을 합니다. 모든 지문에서 활용이 가능합니다. 미국의 그랜드 캐니언(Grand Canyon)에 대해 배우고 랩북을 만들어 보는 시간이었습니다.

"오늘은 그랜드 캐니언에 대해 배우고 랩북을 만들어 볼 거야. 우선 그 랜드 캐니언에 대한 글을 읽어보자. 글을 읽은 후 추가되는 정보를 수집할거야. 각자 인터넷을 활용해서 검색을 하고 관련 영상자료나 읽기자료를 찾아보자. 지문에서 배웠던 지식을 활용해서 그랜드 캐니언의 모습이 담긴 사진, 정확한 위치, 날씨, 자연환경 등에 관한 정보를 더 디테일하게 알아보자."

우리나라 학생들에게는 이 장소가 다소 생경하게 느껴질 수 있습니다. 그래서 관련 영상을 참고하거나 인터넷 검색을 통해 위치를 정확하게 알아봅니다. 애리조나주라고 들어도 그 위치를 정확히 확인하지 않으면 정확히 알기가 어렵습니다. 내가 찾은 정보를 기반으로 미국 지도를 같이 인쇄할 수 있습니다. 위치를 정확히 표시해 주고 기본적인 정보를 기재해줍니다.

"인터넷을 통해 그랜드 캐니언의 기후 정보, 동식물 정보를 검색하고 사진을 인쇄해 볼 거야. 그 후 사진에 대한 설명을 적어보도록 하자."

학생들은 문장 쓰기 연습과 동시에 식물과 동물, 자연환경에 대한 어휘 학습도 가능합니다. 주제에 관한 검색과 관련된 자료 및 책을 통해 그랜드 캐니언에 관한 배경지식을 키워줍니다.

"그러면 이제 나의 의견을 써보는 부분을 추가해보자. 이 문장을 활용해서 자신의 생각을 적어 봐도 좋아."

"I would like to recommend that you go to _____ because you can _____."

이렇게 이미지와 쓴 글을 연결해서 랩북을 완성할 수 있습니다. 랩북에 사용할 종이나 카드를 준비하세요. 원하는 크기로 잘라가며 수집한 정보들을 이용합니다. 랩북에 색연필, 마커, 스티커 등을 활용하여 꾸며주세요. 색상과 글꼴을 사용하여 시각적인 효과를 더해집니다. 랩북을 만들고 난 후, 학생들이 자신의 랩북을 소개하며 발표하는 시간을 가져보세요. 스스로 해냈다는 성취감과 관련 주제에 대한 지식까지 덤으로 얻을 수 있습니다.

글쓰기가 어렵다고 주저할 필요가 없습니다. 정해진 틀에 생각을 가두려 하지 말고 자유롭게 생각을 꺼내는 것부터 시작합니다. 단어든 그림이든 머릿속에 있는 생각들을 두려움 없이 표현해 보세요. 이러한 과정을 비주얼라이징과 함께하면 더 손쉽게 도전할 수 있습니다.

5

글쓰기가 쉬워지는
스토리텔링(Personal Narrative Storytelling)

"인간은 이야기를 통해 무한한 가능성을 탐구합니다. 이야기를 통해 꿈을 현실로 만들 수 있습니다." 월트 디즈니(Walt Disney, 1901~1966)의 말입니다. 월트 디즈니는 이야기가 어린이들의 창의성과 표현력을 발전시키는 수단이라 생각했습니다. 스토리텔링은 창의력을 키워주기 위한 좋은 방법입니다. 언어 학습을 풍부하고 효과적으로 만들어 주는 유용한 도구입니다. 이는 언어를 배우는 큰 목표와도 부합된다고 생각합니다. 언어학습은 결국 의사소통을 잘하는 것, 이야기를 잘 전달하는 것이 목표이기 때문입니다.

자신의 이야기를 스토리텔링(Personal Narrative Writing)하는 것은 개인적인 경험, 감정, 관점 및 관찰을 중심으로 합니다. 예를 들어 자서

전, 일기, 여행기와 같은 경험에 관한 글이 있습니다.

글쓰기 수업의 첫 시간이었습니다. 저는 첫 시간에는 주로 자신의 이야기를 스토리텔링(Personal Narrative Writing)하게 합니다. 주제가 간단하고 자신의 이야기를 쓰면서 서로에 대해 알아갈 수 있는 시간이 되기 때문입니다. 다음은 영어학습 3년차 학생의 글입니다.

"나는 오늘 직업 체험학습에 갔다. 아침에 밥을 먹고 8시에 나왔다. 도착은 9시에 했다. 소방관과 경찰관 체험을 했다. 재미있었다. 점심을 먹었다. 친구들과 재미있게 놀았다."

문장 쓰기가 잘 되는 학생들도 이렇게 '했다.' 위주의 글을 쓰는 경우가 많습니다. 이야기를 쓸 때, 있었던 일을 단순하게 나열만 하면 안 됩니다. 저는 학생들에게 경험에 관한 이야기를 쓸 때, 가장 중요하고 흥미로웠던 사건에 초점을 맞추어 보라고 합니다. 이 글의 주제는 체험학습이며 중요하게 써야 할 첫 번째 사건은 소방관 체험입니다. 두 번째 사건은 경찰관 체험이 됩니다.

첫 번째, 소방관 체험에 대해 더 구체적으로 설명해 줄 수 있습니다. 나의 감정에 대해서도 언급해 줄 수 있습니다.

행동 소방차를 타고 불을 끄는 연습을 했다.

I got on a fire truck and tried putting out the fire.

감정 소방관처럼 옷을 입어서 굉장히 뿌듯했다.

I was very proud to dress like a brave firefighter.

교훈 소방관은 우리를 위해 열심히 일하신다. 나는 그들을 매우 존경한다. 나도 누군가를 위해 도움이 되는 사람이 되고 싶다.

Firefighters work so hard for us, and I admire them a lot. I also want to be a helpful person for others.

위와 같은 문장으로 내가 한 행동과 느낌에 대해 더 구체적으로 언급하세요. 형용사와 부사를 사용하세요. 글을 더 생동감 있게 표현해 주는 데 꼭 필요한 요소입니다. 형용사와 부사를 이용하여 이미지를 더 자세히 묘사해 보는 연습을 할 수 있습니다.

학생들에게 문장 하나를 제시해봅니다.

Little Red Riding Hood is going to her grandma's house with a lunch box.

이 문장을 어떻게 형용사와 부사를 사용하여 더 꾸며줄 수 있을까요? 우선, 형용사를 넣어보겠습니다. 형용사는 명사를 꾸며주는 역할을 하므로 문장 속의 명사인 Little Red Riding Hood, Grandma's house, lunch box를 꾸며 줄 수 있습니다.

→ Kind Little Red Riding Hood is going to her favorite grandmother's house with a delicious lunch box.
(친절한 꼬마 빨간 모자는 그녀가 가장 좋아하는 할머니 집에 맛있는 점심을 먹으러 갈 것입니다.)

다음은 부사를 추가해 보도록 하겠습니다. 다음과 같은 부사를 학생들에게 제시해 줍니다.

fast, in hurry, slowly, gently, nicely, quickly, safely, carefully, loudly, merrily, eagerly

부사들을 활용해서 문장을 더 풍부하게 만들어 줍니다.

→ Kind Little Red Riding Hood is eagerly going to her favorite grandmother's house with a delicious lunch.
(친절한 빨간 모자는 맛있는 점심을 가지고 그녀가 좋아하는 할머니 집에 열심히 가고 있습니다.)

스토리텔링은 창의력과 글쓰기 능력을 함께 향상할 수 있는 활동입니다. 나에게 일어난 사건, 내가 한 행동에 대해 자세하게 전달하세요. 또한 내 느낌과 감정에 대해 생각하고 표현하세요. 그리고 그것을 어떻게 잘 전달할 것인지 고민해 보는 과정이 필요합니다. 자신만의 스토리를 자신감 있게 써 나아가세요.

6

정보를 전달하는 글쓰기 방법

글쓰기를 할 때 학생들은 글을 쓰는 목적과 이유를 알아야 합니다. 정보를 전달하는 글은 사실을 바탕으로 읽는 이에게 정보를 제공합니다. 정보를 전달하는 글쓰기를 통해 학생들은 새로운 주제를 조사하고, 다양한 정보를 수집해야 합니다. 정보를 전달하는 글에는 뉴스 기사, 안내문, 설명서, 보고서, 요리법 등이 있습니다.

초급레벨에서 정보를 전달하는 글쓰기를 쉽게 도전해볼 수 있습니다. 유용하게 활용할 수 있는 활동들을 소개해 보겠습니다.

1) 예문으로 설명을 구체화하는 활동

주제 : 동물의 겨울잠

먼저, 주제에 관한 조사를 해야 합니다. '동물들은 겨울잠을 잔다.'라는 문장을 제시해 주세요. 그다음은 학생들이 쓸 수 있게 빈칸을 둡니다. 학생들은 For example 과 Such as를 사용해서 예시 문장을 작성합니다.

Some animals sleep in the winter. For example, bears, bats, and snakes hibernate during the cold winter months.

구체적으로 예시 문장만 써보는 것입니다.

정보에 대해 예시를 들어 구체적으로 써보는 연습을 통해 사실을 제공하는 글의 세부사항을 쓰는 연습할 수 있습니다. 추상적인 개념을 구체화할 수 있습니다.

2) 뉴스 쓰기 활동

제가 학생들과 함께, 가장 잘 활용해 보고 있는 활동은 뉴스 쓰기입니다. 정보를 주는 글의 가장 대표적인 장르입니다.

수업 시간에 배운 지문을 학생들이 다시 한 번 꼼꼼히 읽도록 합니다.

또한 관련된 정보를 수집하고 조사하도록 합니다. 초급레벨에서는 꼭 긴 문장을 나열 할 필요가 없습니다. 조사한 내용을 그림으로 그리고 레이블링을 해주세요. 각각의 그림에 명칭을 다는 것입니다. 그런 후, 구체적으로 설명해 봅니다.

Bird News : Robin

Robins have small bodies and brown color.
They also have round, big eyes. They build
small nests in low bushes and lay blue eggs.

[뉴스 만들기 활동]

주제는 어떤 것이라도 상관이 없습니다. 이미 수업 시간에 배운 내용이거나 학생들의 개인적으로 흥미로워하는 주제라면 더욱 좋겠죠. 뉴스 만들기 활동은 교육적이면서 다양한 분야에 대한 이해를 높일 수 있습니다. 그래서 적극 추천하는 방법입니다. 프레젠테이션 활동으로까지 연결해 볼 수 있습니다.

3) 사전 만들기 활동하기

나만의 사전을 만들어 어휘의 의미를 정리하고 예문을 적어보는 것입니다. 어휘를 정리하고 이미지를 함께 넣어 나만의 Glossary 리스트를 만들 수 있습니다. 지문을 읽으면서 몰랐던 단어를 사전처럼 알파벳 순서대로 적어 봐도 좋습니다. 중요하다고 생각되는 부분을 강조해서 색칠해 주거나 어려운 단어도 따로 표시해주세요. 새로운 단어와 지식을 내 것으로 만들 수 있는 좋은 방법입니다.

4) 나의 요리법 쓰기

요리법을 소개하는 것 외에도 학생들이 배울 수 있는 부분이 많습니다. 순서대로 정보를 나열하는 방법, 동사 사용 방법, 연결어 사용 방법, 음식에 관한 어휘 등을 익힐 수 있습니다.

나의 샌드위치 요리법을 써보겠습니다. 우리는 우선 재료와 도구에 대한 어휘를 알아야겠죠?

다음은 학생들과 함께 써본 샌드위치 요리법입니다.

재료 (ingredients) : 식빵 2장, 토마토, 양배추, 햄, 치즈

도구 (equipment) : 프라이팬, 도마, 칼

1. 식빵 2장을 꺼내고 프라이팬에 구워주세요.

2. 치즈, 햄, 양배추, 토마토를 식빵 위에 올려주세요.

3. 다른 식빵을 위에 덮어주세요.

4. 구운 치즈 샌드위치를 절반으로 자르세요.

5. 맛있게 먹어요.

Ingredients : 4 slices of bread, tomatoes, cabbage, ham, cheese

Tools(equipment) : frying pan, cutting board, knife

1. Take 2 slices of bread and bake them in a pan.

2. Place cheese, ham, cabbage, and tomato on the bread.

3. Put the other 2 slices of bread on top.

4. Cut the grilled cheese sandwich in half.

5. Enjoy your meal.

그림과 함께 요리책을 만들어 보세요. 글을 쓰는 과정이 더 즐거워집니다.

sandwich

Ingredients:
- slices of bread, tomatoes, cabbage, ham, cheese

Tools:
- frying pan, cutting board, knife

Procedure:

1. Take 2 slices of bread and bake them in a pan.

2. Place cheese, ham, cabbage, and tomato on the bread.

3. Put the other 2 slices of bread on top.

4. Cut the grilled cheese sandwich in half.

5. Enjoy your meal.

[요리책 만들기 예시]

정보를 주는 글쓰기는 사실에 관한 조사가 바탕이 되어야 합니다. 믿을 수 있는 정보를 제공하는 것을 목적으로 합니다. 글을 읽는 사람이 이해하기 쉽게 써야합니다. 종류별 글쓰기를 통해 학생들에게 글이 주는 목적을 알려주세요. 목적에 따라 내가 가진 정보를 잘 전달하는 연습을 충분히 해보세요.

7

나의 의견을 제시하는
글쓰기 방법

영국의 정치인, 작가, 연설가인 윈스턴 처칠(Winston Churchill, 1874~1965)은 "의견은 자유롭게 표현되고 항상 존중받아야 합니다."라며 의견 표현의 중요성을 강조하였습니다. 자신의 의견도 중요하지만 동시에 다른 사람들의 의견도 존중해야 한다는 말입니다. 의견을 표현하며 소통하는 것은 학생의 성장에 중요한 과정이 됩니다. 글쓰기 경험이 풍부한 학생들은 생각과 의견을 글로 표현함으로써 사고력과 판단력을 발달시키게 됩니다. 글을 써 내려가기 위해, 주제에 관해 심도 있게 고민하고 생각을 정리하려는 노력이 있었기 때문입니다.

많은 학생이 주어진 주제에 대한 나의 의견이 무엇이고 어떻게 표현해야 할지 어려워합니다. 생각을 쓰는 것도 연습이 필요합니다. 해보지 않았을 뿐이지, 막상 해보면 어렵지 않습니다. 이번 장에서는 제가 수업 시간에 잘 활용하고 있는 의견을 제시하기 위한 글쓰기 활동들을 소개해 보겠습니다.

1) 의견과 사실을 구분하는 활동

"이 두 개의 문장이 의견인지 사실인지 한 번 알아보자."

1) 아이스크림은 여러 맛이 있다.
2) 아이스크림은 맛이 있다.

"1번은 사실이고, 2번은 의견이에요."
"응, 맞아. 절대적으로 변하지 않는 것은 '사실'이라 구분할 수 있어. 사람에 따라 달라질 수 있는 것은 '의견'이라고 해."

"다음 예시도 함께 살펴보자."

1) 개는 포유류이다.
2) 개는 똑똑한 동물이다.

"어떤 부분이 의견일까?"

"2번이요."

둘 중 '의견'은 2번입니다. 주관적 판단이 개입되기 때문입니다. 의견과 사실을 구분하는 활동은 글을 읽을 때 내용이 신뢰할 만한가를 판단할 수 있는 힘을 길러줍니다.

2) 모델텍스트 분석하기

주장하는 글쓰기에서는 주제에 대한 의견을 분명하게 표현해야 합니다. 더불어 '내가 왜 그렇게 생각하는지'에 관한 이유를 제시해야 합니다.

모델 텍스트를 분석해 보세요. 주장하는 글의 단락을 학생들에게 제시합니다. 또한 색연필을 준비하게 합니다. 글쓴이의 주장을 나타내는 문장은 빨간색 색연필을 이용해서 색칠하게 합니다. 이유를 나타내는 문장은 노란색 색연필로 칠합니다. 문장과 문장을 연결해 주는 연결어는 초록색으로 칠합니다. 내 생각을 결론짓는 부분은 파란색으로 칠해봅니다. 이렇게 예문을 읽고 각 요소를 색칠하는 방법은 간단하면서도 큰 도움이 됩니다. 특히 초급 레벨 학생들이 유용하게 활용할 수 있습니다.

Dogs Are Great Pets!

Dogs are the best pets! They are loyal and love to lick your face. You can play fun games like fetch and tug of war with them. Moreover, dogs can learn tricks like sit, shake, and roll over. They can even sleep with you and keep you safe at night. A dog can be your best friend. These are some reasons why dogs make the best pets.

개는 최고의 애완동물입니다! 그들은 충성심이 강하고 여러분의 얼굴을 핥는 것을 좋아합니다. 그들과 함께 물건을 던지고 잡아오는 놀이나 줄다리기와 같은 재미있는 게임을 할 수 있습니다. 게다가, 개들은 앉고, 흔들고, 굴리는 것과 같은 기술을 배울 수 있습니다. 개는 함께 잠을 자고, 밤에 여러분을 안전하게 지켜줄 수 있습니다. 여러분의 가장 친한 친구가 될 수 있습니다. 이것들이 개들이 최고의 애완동물인 이유입니다.

주장하는 글은 학생들의 실제 경험과 관련시키면 더 도움이 됩니다. 실제로 고민해 볼 수 있는 소재를 통해 구체적인 아이디어를 떠올리기 쉽기 때문입니다.

3) 주장에 대한 이유를 제시해보기

다른 사람을 설득하거나 나의 주장을 더 논리 있게 제시하기 위해서 합당한 이유를 꼭 제시해 줘야 합니다. 예를 들어 아이스크림보다 요구르트를 먹어야 하는 이유에 대해 이야기 해 보겠습니다.

"아이스크림보다 요거트가 더 맛이 있어. 그러니까 오늘은 요구르트를 먹자."

"요거트는 아이스크림보다 건강에 좋아. 그리고 네가 좋아 하는 딸기 맛이야. 먹을 때 느낌도 정말 부드러워. 같이 먹어볼래?"

이 두 문장 중 어떤 문장이 더 설득력이 있을까요? 두 번째 문장이 더 적절한 이유를 제시하고 있습니다. 학생들과 의견에 대한 이유를 제시하는 연습이 필요합니다. 학생들과 충분한 대화를 통해 자기 생각을 끌어내 주세요.

4) 영화 리뷰(Movie Review) 써보기

학생들이 본 영화나 읽은 책에 대한 리뷰를 작성하는 것도 의견을 제시하는 글쓰기 중 하나입니다. 우선, 영화의 제목 및 기본정보를 쓰세요. 다음으로 나의 의견을 써보세요. 첫 번째로 가장 좋았던 부분, 두 번째로 좋지 않았던 부분, 세 번째로 이 영화를 친구에게 추천하고 싶은지, 이유는 무엇인지로 작성해 볼 수 있습니다.

Title : Elemental

Director : Peter Son

The most interesting part : My favorite part of the movie is when the main characters meet each other.

The least interesting part : I didn't like the point when the main characters went abroad in the last part. I think it would have been better to be with their families.

I would recommend this movie to my friends because it's very interesting and I think they will love the story.

감독 : 피터 손

가장 흥미로운 부분 : 내가 가장 좋아하는 부분은 주인공들이 서로 처음 만나는 장면입니다.

가장 아쉬웠던 부분 : 마지막 부분에서 주인공들이 해외로 나가는 장면이 아쉬웠습니다. 가족들과 함께한다면 더 좋았을 것 같습니다.

저는 이 영화를 친구들에게 추천하고 싶습니다. 친구들이 스토리와 등장인물들을 매우 좋아할 것이라고 생각합니다.

[영화 리뷰 워크시트]

　다양한 글쓰기의 형식을 경험해 보며, 자신의 의견을 표현해 볼 수 있습니다. 나의 의견을 제시하는 종류별 글쓰기를 통해 주장에 타당성을 더하는 연습을 하세요. 나의 생각을 분명하게 전달하는 논리적인 글을 쓸 수 있게 됩니다.

8

함께해서 즐거운 Shared Writing

"진정한 협업은 모든 개인의 능력을 최대한 발휘하면서도 하나의 목표를 향해 나아가는 것이다."

필 잭슨(Philip Dwayne Jackson, 1945~)의 말입니다. 팀원들이 각자의 역할을 수행하면서 하나의 큰 목표를 달성하기 위해 함께 노력해야 한다는 뜻입니다. 그는 미국 농구 역사에서 성공한 감독 중 한명으로 인정받고 있습니다. 필 잭슨은 NBA에서 농구팀을 이끌며 11번의 NBA 챔피언십을 차지했습니다. 이는 NBA 역사상 최다 타이틀을 얻은 감독으로 기록되어 있습니다.

글쓰기도 친구들과 함께하며 그 과정에서 시너지를 내는 것이 가능합니다. 함께 쓰는 글쓰기 활동은 다양한 장점이 있습니다.

우선, 아이디어와 창의성을 넓히는 기회가 됩니다. 나와 다른 아이디어를 공유하고 조합하며 새로운 아이디어로 만들어 나갈 수 있기 때문입니다. 자신의 문장과 다른 친구가 만든 문장과 표현에 관해 이야기를 나누며 좋은 결과물을 만들 수 있습니다. 같은 주제를 함께 고민하고 해결하는 경험은 학생들의 문제 해결 능력을 키울 수 있습니다.

초급 레벨 학생들도 친구들과 함께 글쓰기를 흥미롭고 자신감 있게 도전해 볼 수 있습니다. 그룹 활동으로 해볼 수 있는 글쓰기 활동의 예시를 들어 보겠습니다.

1) 등장인물에 대한 성격 묘사하기

수업 시간에 읽은 책에 대한 독후 활동으로 함께 쓰는 글쓰기 활동을 해볼 수 있습니다. 먼저, 하나의 큰 종이를 준비합니다. 등장하는 캐릭터를 같은 반 학생이 함께 그려봅니다. 친구들과 함께 이야기를 나누어 보며 캐릭터를 묘사할 수 있는 성격의 형용사를 써줍니다. 앞서 사용한 성격의 형용사들을 사용해서 캐릭터를 묘사하는 문장을 써줍니다. 이러한 방법으로 여러 명의 등장인물에 대해 써 볼 수 있습니다. 완성된 그림을 교실에 게시하는 것도 좋은 방법입니다.

2) 문장을 조합하여 스토리 쓰기

하나의 주제에 관해 여러 명의 학생이 각자 한 문장씩 종이에 씁니다. 그림과 함께 한 문장을 써도 괜찮습니다. 문장을 쓴 종이들을 한곳에 모아둡니다. 학생들이 함께 스토리의 순서를 함께 정하면서 문장을 배열합니다. 문장을 배열을 하며 그 이유를 이야기하면서 글의 순서를 함께 정해갑니다. 자신이 생각했던 것과 달리 스토리가 전개될 수도 있습니다. 이렇게 생각을 모아 하나의 스토리를 완성합니다.

3) 문장 릴레이로 스토리 쓰기

교실의 보드 앞으로 나와 첫 번째 학생이 문장을 시작합니다. 그 문장의 표현과 어휘, 문법에 대해 모든 학생이 피드백을 나눕니다. 오류나 모르는 표현에 대해서는 선생님이 지도해 줄 수 있습니다. 주제와 벗어나는 행동에 대해서는 피드백을 줍니다. 다양한 어휘를 사용하게 하기 위해서 선생님은 중복되는 어휘 외에 새로운 어휘를 제안할 수 있습니다.

그 후 다음 학생이 이어서 한 문장을 추가합니다. 이러한 과정을 반복하면서 이야기 전개하고 마무리합니다. 이를 종이에 옮겨 하나의 스토리를 만듭니다.

4) 편지 쓰기 프로젝트

편지 쓰기 프로젝트는 학생이 다른 학생에게 편지를 쓰고, 답장을 쓰며 서로 편지를 주고받는 것입니다. 예를 들어 일상적인 내용과 안부를 물어보는 내용의 편지도 될 수 있습니다. 초급레벨에서는 안내장이나 초대장을 보내서 이에 대한 답장을 받아 보는 활동을 해 볼 수 있습니다. 외국에서는 초대장을 받을 때, RSVP(참석 여부 확인)의 표기를 해서 답장을 해주어야 합니다. 이러한 활동은 외국 문화에 대해 경험해 볼 수 있는 좋은 경험이 될 것입니다. 다음의 핼러윈 파티 초대장 예시를 참고하세요.

핼러윈 파티에 초대합니다!

일자 : 10월 31일 (토요일)

시간 : 오후 3-6시

장소 : 123 Anywhere St.

핼러윈 의상을 입고 함께 다양한 이벤트 파티를 즐겨요!

핼러윈 파티 이벤트

무비 시간 : 핼러윈 영화를 같이 보며 즐겨요!

Trick or Treat : 사탕과 과자를 나누며 재미있는 시간을 가지세요!

핼러윈 음악과 춤 : 신나는 댄스 타임!

베스트 드레스 선발 : 올해의 가장 흥미로운 핼러윈 의상을 입은 학생을 선발합니다!

멋진 핼러윈 의상과 함께 만나요.

※ 참석 여부를 알려주세요.

RSVP(참석 여부 확인) :

이름 :

즐거운 핼러윈 파티를 함께 즐겨요.

[초대장 예시 이미지]

글쓰기를 친구들과 함께하며 새로운 방법으로 글쓰기 연습을 해 볼 수 있습니다. 협동하는 글쓰기의 장점은 학생들이 즐겁게 참여할 수 있다는 점입니다. 다음은 저와 수업을 한 친구들의 소감과 의견입니다.

연아 : "친구들과 글을 쓰는 과정이 정말로 도움이 되었어요. 서로의 생각을 공유하면서 다른 친구들에게 새로운 점을 배울 수 있었어요. 혼자 썼을 때보다 더 좋은 글을 쓸 수 있었어요."

아린 : "다른 학생들과 함께 글을 쓰는 것은 처음이었어요. 서로 이야기하며 도와주는 과정이 너무 재미있었어요."

소윤 : "협동으로 글쓰기를 하면서 내가 하지 못했던 다른 친구들의 생각에 많이 놀랐어요. 내가 처음에 생각하지 못한 방향으로 이야기를 만들어 갈 때 흥미를 느꼈어요."

함께하는 글쓰기 활동(Shared Writing)을 통해 학생들은 글쓰기의 즐거움을 느낄 수 있습니다. 글쓰기 활동을 통해 자신의 글로 다른 사람들과 소통하는 보람을 느끼게 됩니다. 과정을 즐기는 동안 학생들은 더 나은 결과물을 만들어 낼 수 있습니다.

9

초급 셀프 피드백 체크리스트

"선생님, 하나밖에 안 틀렸어요."

"아, 너무 많이 틀렸어요."

제가 수업 시간에 학생들의 글쓰기를 수정해 줄 때, 유심히 쳐다보던 학생들이 자주 하는 말입니다. 초급레벨에서는 실수가 잦아 피드백을 많이 받는 학생들이 열심히 쓰려는 의지가 더 큰 경우가 많습니다. 모든 작문이 어려운 단계입니다. 오류가 많은 것이 당연합니다. 오류가 없을 때는 예시문장을 보고 그대로 쓰거나, 단순한 문장을 쓴 경우가 많습니다. 특히 글쓰기를 배우는 단계에서 오류가 없는 것이 좋은 것만은 아닙니다.

영어교육 이론 중 'U-shaped learning'이 있습니다. 학습 과정 중, 초기에는 학습적으로 실력이 상승하다가 중간단계에서는 실력상승이 둔화되는 것처럼 느껴집니다. 이 과정을 겪은 후 더 높은 수준으로 다시 발전하는 학습 패턴을 나타냅니다. 예를 들어, 'go'는 단어를 사용할 때 첫 단계에서는 오류 없이 잘 사용합니다. 그다음 과거형을 배울 때 'went'라고 하지 않고 일반적인 과거 동사의 규칙에 따라 'goed'라고 하는 경우가 생깁니다. 이런 과정을 겪고 시간이 지나면서 'went'라는 올바른 형태를 활용하여 사용하게 됩니다. 'U-shaped learning' 패턴은 언어 학습 과정에서 일어나는 일반적인 현상입니다.

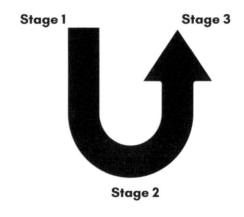

U Shaped Learning

초급단계에서는 비문과 오류를 많이 만들어 낼수록 학생들의 실력이 향상되는 신호라고 판단할 수 있습니다. 오히려 실수를 하고 학생 스스로 무언가 시도해 보려고 했다는 것에 대해 성취감을 느껴야 합니다. 선생님이나 부모님도 더 칭찬해 주며 앞으로 더 나아갈 수 있도록 응원해 주세요.

10여 년간 학생을 지도해오며, 학습적으로 더 뛰어난 학생들이 공통으로 가지고 있는 특징을 알게 되었습니다. 자신의 상황을 객관적으로 판단할 줄 안다는 것입니다.

지유는 영어 학습 2년 차인 학생입니다. 영어 독서와 작문하는 것을 즐기는 학생입니다. 그래서 영어 실력 향상도가 높았습니다. 저희 학원에서는 주기적으로 영어 실력을 평가하는 테스트를 봅니다. 테스트의 결과지를 볼 때, 보통 학생은 자신이 점수가 몇 점인지에 집중하는 경우가 많습니다. 하지만 지유는 나의 평가가 상위 몇 퍼센트인지, 특정 영역에서 어떤 부분이 부족하고 어떤 부분이 잘했는지를 유심히 읽어보았습니다. 곰곰이 생각을 해본 지유는 저에게 이렇게 말했습니다. "선생님 제가 이 부분에서 부족하다고 나오니 앞으로 이 영역을 더 열심히 공부해야겠네요." 이 모습을 보고 '메타인지가 높은 학생은 이런 부분이 다르구나!' 하고 느끼게 되었습니다.

메타인지는 학생이 자신의 학습 과정을 관찰하고 조절하는 능력을 의미합니다. 메타인지가 높은 학생들은 자신이 어떻게 공부하고 있는지 객관적으로 파악이 가능합니다. 자신의 학습 방식과 성과도 분석할 수 있습니다. 이는 학생들이 자신의 강점과 약점을 파악하고 개선할 수 있도록 돕습니다. 내가 어려워하는 부분이 어떤 점이고, 자신에게 필요한 도움을 선생님이나 부모님에게 요청할 수 있습니다. 메타인지가 높은 학생들은 자신의 학습에 대해 잘 이해하고 있기 때문에 공부를 잘할 수 있는 것입니다. 스스로 쓴 글을 다시 읽고 검토하는 과정에서 메타인지를 키울 수 있습니다.

그럼, 초급레벨에서 스스로 쓴 글을 점검하는 방법에 관해 소개하겠습니다.

글쓰기에서 교정 과정은 매우 중요합니다. 직접 글을 수정하고 개선하는 과정을 통해 문법, 철자, 문장 구조 등을 배울 수 있습니다. 학생들이 자신의 글을 살펴보며 수정하고 개선하며 자신감을 느낄 수 있습니다. 스스로 나은 결과를 위해 노력했기 때문입니다. 초급레벨에는 교정(proofreading)과 구두법(Punctuation)에 초점을 맞추어 봅니다.

교정(Proofreading)은 작성한 글의 맞춤법, 문법, 구문 오류를 찾아서 수정하는 과정입니다.

1) 대소문자 및 스펠링 오류 찾기(Capitalization)

　대소문자 구문은 아주 간단하지만, 학생들이 쉽게 실수하는 부분입니다. 조금만 신경 쓰면 쉽게 고칠 수 있습니다. 다음 항목은 항상 대문자로 써야 하는 부분입니다. 이 부분을 꼭 점검하세요.

- 문장을 시작할 때
- I (나는)

　예 : I would like to have a hamburger.

- 사람이나 사람, 장소의 이름
- 나라의 이름, 언어, 국적

　예 : Jimin is from Korea.

- 요일, 달, 휴일

　예 : I take English lessons on Tuesdays.

- 책 제목, 영화 제목, 노래 제목

　예 : Judy Moody and Friends, Charlie and the Chocolate Factory

　* 관사가 (a, an, the), 접속사 (but, and, so, for), 전치사(in, on, at)가 제목 가문데 있으면 대문자로 쓰지 않는다.

- 호칭을 나타내는 표현

　예 : Mr, Miss, Ms, Mrs

2) 구두법(Punctuation)

마침표 쉼표, 느낌표, 물음표, 따옴표 등을 올바르게 사용해야 합니다. 보통 학생들이 공부하는 교재에는 이미 마침표가 찍혀져 있는 경우가 많습니다. 그래서 마침표를 중요하지 않게 생각할 수 있습니다. 다음의 예문을 보세요.

'I like an apple Apple is red.' 이렇게 문장을 쓰게 되면 의도치 않게 두 문장을 붙여서 쓰게 되는 오류를 만들어 버립니다.

다음 내용을 꼭 기억할 수 있도록 도와주세요.

- 마침표(Period): 문장의 끝에 사용되어 문장이 끝남을 알려줍니다.

  예 : "I love you."

- 쉼표(Comma): 문장 내에서 항목을 나열할 때 씁니다.

  예 : "I have apples, bananas, and oranges."

- 느낌표(Exclamation Mark): 감정 표현이나 강조를 나타내기 위해 사용됩니다.

  예 : "That's amazing!"

- 물음표(Question Mark): 질문을 나타내기 위해 사용됩니다.

  예 : "What time is it?"

- 따옴표(Quotation Marks): 직접 인용문을 표시할 때 사용됩니다.

  예 : She said, "How are you?"

글을 쓰고 다시 처음으로 돌아가서 읽어 보아야 합니다. 다시 한 번 읽어 보면서 문법, 철자, 문장 구조 등의 오류를 찾아서 수정하는 과정이 꼭 필요합니다. 이러한 교정에 관한 규칙을 붙여 학생들에게 인지시켜 주는 것도 좋은 방법입니다.

3) 초급레벨 셀프 점검표

셀프 점검표를 스스로 작성해 보세요.

STEP1 WRITING CHECKLIST

대문자 표기를 올바르게 했다 ✓

문장이 끝날 때 . ! ? 의 문장 부호를 표기하였다 ✓

단어의 철자를 올바르게 썼다 ✓

단어와 단어 사이의 띄어쓰기를 했다 ✓

문장을 천천히 다시 읽어보며 검토했다 ✓

[셀프 점검표]

셀프 체크 업을 꼭 습관화하세요. 글쓰기의 완성도를 눈에 띄게 높여 주는 과정입니다. 이 과정은 학생들의 메타인지를 키워 전반적인 글쓰기 실력뿐 아니라 학습 능력을 향상시킵니다.

Step 2.

문장에서 문단으로
레벨 업!

중급 레벨 글쓰기,
이것만은 알고 시작하자

"언제쯤 우리 아이는 서론, 본론, 결론이 있는 글을 쓸 수 있을까요?"
영어 학습 기간이 어느 정도 되고, 쓰기가 가능한 학생들의 부모님들이
궁금해 하는 부분입니다. 요즘은 영어 글쓰기에 대한 관심이 높아지고,
시험을 위해서 영어 에세이 양식부터 학습하는 경우도 있습니다.

해윤이는 5살 때부터 영어유치원을 다니며 영어를 익혀온 학생입니다.
영어 능력을 측정하는 객관적 테스트에서도 높은 평가를 받고 있습니다.
초등학교 1학년이지만 에세이 쓰는 방법을 배워, 글의 틀을 잡는 방법을
익혔습니다. 수업하던 해윤이가 이렇게 질문했습니다.

"선생님 일단 First 쓰면 되나요?"

"그다음에는 뭐라고 써요? 그럼, 네 줄 다 쓰고 Second 쓰면 되는 거죠?"

이 단계에서는 "이 내용이 괜찮을까요?", "아이디어가 잘 떠오르지 않아요." 등의 고민을 하는 것이 장기적으로 볼 때 더 의미가 있습니다. 몇 줄의 문장을 쓰고 연결어로 문단을 연결하는 것에 중점을 맞추는 것은 이 단계에서 우선순위가 아닙니다. 주제에 관한 아이디어를 충분히 생각하고 내용을 충실하게 작성한 후에 생각해 봐도 늦지 않습니다. 프레임에 담긴 내용을 나만의 생각으로 창의적이며 논리 있게 채우는 것이 중요합니다. 그래야 다른 학생들과 차별화된, 읽는 사람에게 흥미로운 질 높은 글쓰기를 할 수 있습니다.

초급 레벨 글쓰기에서 쌓은 실력과 노력을 바탕으로, 이제 글을 양적, 질적으로 향상해야 합니다. 이 장에서는 근본적으로 사고력을 키우고, 글을 논리적으로 구성할 수 있도록 도와주는 3가지 훈련 방법을 이야기해 보고자합니다.

첫 번째로 읽고 있는 원서의 수준을 높이는 것입니다.

저는 10여 년간 현장에서 많은 리딩 교재와 영어 원서를 학생들에게 지도해 왔습니다. 그 10여 년의 경험으로 볼 때 가장 좋은 인풋은 영어 원서 읽기라고 단언할 수 있습니다. 리딩의 호흡을 늘려가기 위해, 현재 읽고 있는 원서의 내용과 수준을 다음 단계로 업그레이드해야 합니다. 우선, 학생들에게 맞는 적합한 레벨의 도서를 선정하기 위해 리딩 지수(AR지수, 렉사일 지수 등)로 실력을 점검해 보는 것도 좋은 방법입니다. 이 단계에서는 얼리 챕터북이나 챕터북을 도전해 보세요. 챕터북은 주로 학생들을 대상으로 한 소설이나 장편 이야기책을 가리키는 용어입니다. 이러한 책들은 일반적으로 여러 개의 '챕터'로 나누어져 있으며, 각 챕터로 스토리가 전개됩니다. 챕터북을 통해 다양한 독서 경험을 할 수 있습니다.

학생들도 학년이 높아짐에 따라 학습량이 점점 많아집니다. 영어만 몰입할 수가 없게 되지요. 그래도 독서를 위한 시간을 꼭 확보하도록 노력하세요. 학생들에게 일정한 독서 시간을 정해주어 매일 조금씩이라도 읽기를 지속해야 합니다. 책 읽기가 중요하다는 것을 모르는 사람은 없습니다. 실천이 어려울 뿐이죠. 어렵다고 포기하지 말고 해결할 수 있는 방법을 생각해 보세요. 천천히 가더라도 꾸준히 할 수 있도록 학생들에게 많은 격려와 응원을 해 주세요.

둘째, 북 리뷰 작성입니다.

리딩 능력이 향상되면서 독후 활동의 영역도 더 확장해 볼 수 있습니다. 초급레벨에서는 내가 가장 좋아하는 부분 쓰기 및 그림 그리기, 별점 주기 등으로 북 리뷰를 작성했다면 이제 조금 더 내용에 깊이를 더할 수 있습니다. 우선, 내용을 처음, 중간, 끝으로 나누어 요약하는 연습을 하세요.

보통 학생들이 자주 하는 실수는 내용 요약을 자신이 기억나는 것 위주로 하는 점입니다.

챕터북에 관한 북 리뷰를 작성한다면, 내용을 처음, 중간, 끝으로 나누어 가장 중요한 부분을 중심으로 요약하세요. 연결어를 사용해서 하나의 글로 구성하세요. 캐릭터에 대해서도 더 자세하게 묘사해 보며 이 책에 관한 내 느낌과 관점을 이야기해 봅니다. 북 리뷰 작성 후 읽은 내용에 관해 대화하세요. 대화와 토론은 이해도를 높여줍니다. 북 리뷰 작성에 대한 자세한 내용은 Step 2의 9장에서 다루어 보도록 하겠습니다.

셋째, 영자 신문 읽기로 생각의 그릇을 키우기입니다.

중급 레벨 학생에게 신문 읽기는 유용합니다. 신문 읽기를 통해 최신 뉴스, 과학, 스포츠 등 다양한 분야의 정보를 습득할 수 있습니다. 신문 읽기는 지식 확장에 큰 도움이 됩니다. 신문은 주제가 다양합니다. 다른 나라에 관한 정보까지 다룹니다. 각기 다른 문화의 이해도를 높일 수 있습니다. 시중에서 어린이 영어 신문을 쉽게 구할 수 있습니다. 같은 신문이라도 레벨별로 세분화되어 있습니다. 학생들의 실력을 고려한 신문 읽기를 시작해 보세요.

영자 신문 수업을 통해 다양한 활동을 진행해 보면, 매번 장점이 많은 활동이라는 것을 느낍니다. 지훈이는 평소 학습 태도도 좋고 영어 공부를 열심히 하는 학생입니다. 하지만 자기 생각을 자유롭게 표현하는 것을 어려워했습니다. 같은 문제에 관해 서술할 때, 다른 학생들보다 두 배 이상의 시간이 소요되었습니다. 수업 시간에 영어로 의사 표현이 가능한데도 수업 시간에 말수가 적었습니다. 내가 하는 생각이 맞을지에 대한 고민을 많이 합니다. 자신감이 없기 때문입니다.

영어 신문 수업을 통해 다양한 세계의 문화나 최신 뉴스에 관한 내용을 익혔습니다. 특히 지훈이는 다른 나라에 관한 이야기를 배울 때, 흥미를 크게 느꼈습니다. 각각의 국가에서 현재 일어나고 있는 일, 유명한 장소, 맛있는 음식, 역사적 사실 등을 배웠습니다. 이렇게 배경지식을 쌓은 후, 이 나라를 방문할 것을 추천해 주는 글을 써보는 활동을 했습니다. 주제에 관한 여행 홍보자료 만들기, 여행 추천 글쓰기와 같은 활동이 내 생각을 정리하고 다른 사람들에게 전달하는 연습이 되었습니다.

영자 신문을 활용할 경우, 지문을 읽고 KWL 차트를 작성해 보세요. KWL은 Know, Want to know, Learned의 약자입니다. 학생의 배경지식, 더 알고 싶은 부분, 수업 후 새롭게 배운 부분을 정리합니다.

K (Know) : 주제에 이미 알고 있는 것을 써봅니다.

W (Want to know) : 앞으로 더 배우고 싶은 내용을 적어봅니다.

I want to learn more about _____.

I'm curious about _____.

L (Learned) : 학습 후 배운 것을 정리해 봅니다.

KWL 차트를 통해, 내가 이미 알고 있는 부분을 확인합니다. 무엇을 배웠는지 내용을 정리해 봅니다. 더 알아보고 싶은 내용에 대해서도 생각해 볼 수 있습니다.

중급 레벨 글쓰기를 위해 읽기 수준을 높이세요. 챕터북 읽기와 뉴스페이퍼 읽기로 체득한 정보와 지식은 사고력을 키워줍니다. 이를 활용하고 써보는 연습을 통해 글쓰기의 수준을 높여 갈 수 있습니다.

KWL Chart

Topic: _____

what I **K**now

what I **W**ant to know

what I **L**earned

[KWL 차트]

$$\text{2}$$

좋은 글을 쓰기 위한
문단 분석법

좋은 문단을 어떻게 구성할 수 있을까요?

문단(Paragraph)이란 글쓰기에서 문장으로 구성된 하나의 생각 블록입니다. 문단은 같은 주제에 대한 이야기나 관련 정보를 하나로 묶어줍니다.

"한 문단은 한 아이디어, 한 주제, 한 관점만을 담고 있어야 합니다." 폴 J. H. 슈메이커(Paul J. H. Schoemaker, 1949~)는 문단에 관해 이렇게 언급했습니다. 전 시카고대학교 교수이자 작가인 그는 〈하버드 비즈니스 리뷰〉 등 저널에 100편 이상의 글을 발표한 인물입니다. 문단이 하나의 이야기를 해야 한다는 것을 분명하게 이야기하고 있습니다.

이 장에서는 문장쓰기를 넘어 문단이 어떻게 구성되는지 알아보겠습니다. 또한 탄탄하게 구성된 문단을 쓰기 위한 연습 활동을 살펴보겠습니다.

첫째는 글의 주제를 제대로 파악하기입니다.

학생들이 글을 쓰기 전, 제시문을 읽고 충분히 생각할 시간을 가져야 합니다. 학생들이 속도를 늦추고 파악해야 할 시간을 꼭 주세요. 저는 학생들이 글을 쓰기 시작하기 전에, 1분정도 타이머를 맞추어 주제에 관해 생각할 시간을 갖도록 하고 있습니다. 주제를 제대로 알고 내용에 대해 생각하는 과정은 글을 쓰는 과정에서 가장 중요한 단계 중 하나입니다. 첫 단추부터 잘 끼워야 좋은 글이 됩니다.

둘째는 중심 생각을 나타내주는 중심문장 쓰기입니다.

중심 문장은 글의 주제가 잘 반영되어야 합니다. 중심 문장을 잘 쓰려면 어떻게 해야 할까요? 중심 문장은 명확하게 주제에 대한 핵심 아이디어를 써야합니다. 주로 한 문장으로, 간결하고 명확하게 표현해야 합니다. 또한 주로 문단의 처음에 옵니다. 중심 문장은 글 전체와 일관성을 가지고 있어야 합니다. 중심 문장을 잘 기술해야 하고자 하는 이야기가 명확하게 전달됩니다.

셋째는 중심 문장을 서포트해주는 본론 문장 쓰기입니다.

문단의 본론 부분은 글의 주제나 중심 생각을 풀어서 설명하는 부분입니다. 본론은 중심 문장에 제시한 주장을 뒷받침하며, 내용을 더 풍부하게 다루며 확장시킵니다. 본론 문장은 내가 앞서 말한 중심 생각에 살을 붙여주는 과정입니다. '왜냐하면'에 대한 예시나 이유가 되겠지요. 읽는 사람의 공감을 얻고 이해시키기 위해서는 아이디어만 제시하면 설득력이 떨어집니다. 타당한 근거를 함께 언급해줘야 한다는 것을 잊지 마세요.

넷째는 결론 쓰기입니다.

결론 쓰기는 학생들이 어려워하는 부분 중 하나입니다. 결론이라는 개념에 대한 이해를 어려워하는 학생도 많습니다. 결론이 무엇인지에 대해 꼭 이해하고 넘어갈 수 있도록 도와주세요. 결론 문장은 글의 마지막 부분에 위치합니다. 앞서 언급한 내용에 대해 요약하는 문장입니다. 결론 문장은 글의 주제를 간결하게 정리하면서 중심 생각을 다시 한 번 언급하는 역할을 합니다.

결론을 잘 쓰려면 어떻게 해야 할까요? 우선 간결하게 써야 합니다. 너무 복잡하거나 길게 쓰려고 하지 마세요. 중심 문장에서 썼던 아이디어를 간단하게 표현하세요. 결론에서는 본문에서 다뤘던 주요 아이디어나 메시지를 강조해야 합니다. 주제와 핵심 내용을 다시 언급하고 간단하게 요약하세요. 제안을 해보는 것도 하나의 방법이 될 수 있습니다. "오늘부터 휴대폰 사용시간을 줄여보자!"와 같이 제안하는 문장으로도 글을 마무리해 볼 수 있습니다. 결론은 독자에게 글의 중심 내용을 간단하게 요약하여 글 전체를 다시 생각해 볼 수 있는 기회를 줍니다.

다음은 예문들 통해 예시 문단을 분석해보겠습니다.

The City I Want to Visit

If I could go anywhere in the world, I would like to go to Beijing.

Beijing is a city in China. It is famous for its old buildings and its cuisine. Among the famous structures in Beijing, I want to visit the Great Wall of China the most. It is one of the Seven Wonders of the world. I would like to walk across the wall. I also want to go to the Temple of Heaven and see the beautiful architecture. I want to take a nice picture with the building. Then, I would like to try real Chinese food, such as peking duck.

I hope I can visit Beijing someday!

제가 세계 어디든 갈 수 있다면 베이징에 가보고 싶습니다. 베이징은 중국의 한 도시입니다. 베이징은 오래된 건물들과 요리로 유명합니다. 베이징의 유명한 건축물들 중에, 저는 만리장성에 가장 방문하고 싶습니다. 만리장성은 세계 7대 불가사의 중 하나입니다. 저는 만리장성을 걸어서 건너고 싶습니다. 저는 또한 천단공원에 가서 아름다운 건축물을 보고 싶습니다. 건물과 함께 멋진 사진을 찍으면 좋겠습니다. 그러고 나서, 저는 북경 오리와 같은 진짜 중국 음식을 먹어보고 싶습니다.
언젠가 베이징에 가볼 수 있길 바랍니다!

첫 문장과 마지막 문장에 밑줄을 그어보세요. 이 문장이 중심 생각을 잘 나타내주고 있는지 확인해보세요. 첫 문장을 주제에 관련된 중심 문장으로 시작하세요. 그 후 주제와 연관된 부연설명을 해야 합니다. 글의 마지막 부분에서는 중심 생각을 다시 잘 표현해주어야 합니다.

좋은 문단을 쓰기 위해서 우리는 문단이 어떻게 구성되어 있는지 알아야 합니다. 먼저 주제, 중심문장, 뒷받침하는 문장, 결론에 대해 올바르게 이해하세요. 주제를 제대로 파악하여 일관성을 유지해야 합니다. 중심문장을 쓰고 그에 대한 뒷받침을 논리적으로 해야 합니다. 마지막으로 결론쓰기의 의미와 방법을 잘 알고 글을 마무리해야 합니다. 이처럼 구성이 탄탄한 문단을 작성해 보세요.

(3)

다양한 어휘 활용이
글쓰기 실력이다

"얘들아, good도 맞는 표현이긴 하지만 표현을 더 다양하게 하기 위해 다른 단어로 바꾸어 보자."

"이것도 맞는 단어인데 왜 바꿔야 돼요?"

"뜻이 같거나 비슷한 단어 중에서도 내가 표현하고자 하는 의도를 더 잘 나타내주는 단어를 골라야 해."

학생들에게 같은 뜻이라도 다양한 방법으로 표현이 가능하다는 점을 알려줘야 합니다. 의외로 단어를 반복하거나 단순한 단어를 사용하는 것이 잘못 되었다고 생각하지 못하는 경우들이 많기 때문입니다.

어떻게 문장을 더 다양하게 표현할 수 있을까요? 다음의 예문을 읽어 보세요.

I am a good student.

I am a wonderful student.

I am a great student.

I am a brilliant student.

좋고 훌륭하다는 의미를 나타내는 어휘는 다양합니다. 동의어를 활용해 보세요. 동의어 활용은 표현을 다양하게 해줍니다. 내가 쓰고자하는 문장의 구체적인 뉘앙스를 전달할 수 있습니다. 학생들이 스스로 다양한 어휘를 사용하기 위해서, 동의어들을 다양하게 소개해 줘야합니다.

동의어 활용을 위한 몇 가지 유용한 활동을 소개해 보겠습니다.

저는 단어리스트를 제공해서 학생들이 수업시간에 가지고 다니도록 합니다. 처음에는 이 리스트를 살펴보는 것에 익숙지 않은 것처럼 보이지만 시간이 지나면, 제가 말을 따로 하지 않아도 아이들 스스로 리스트에서 좋은 어휘를 찾아봅니다. 스스로 더 나은 단어를 찾고 고르기 위해 노력하게 됩니다. 단어의 중복을 살피고 더 나은 단어를 손쉽게 찾기 위한 좋은 방법입니다. 예를 들어, 'big' 대신 'enormous' 혹은 'huge'와 같은 단어들을 떠올릴 수 있어야 합니다. 동의어를 활용하면 글이 더 풍부해집니다.

다음의 단어들을 참고해보세요. 가장 단순하면서 쉬운 단어들을 동의어 활용을 통해, 문장의 수준을 높여볼 수 있습니다.

happy	sad	good	bad
pleased	gloomy	decent	awful
delighted	blue	worthy	lousy
glad	sorrow	great	unsatisfactory
content	depressed	favorable	poor

[동의어 표]

다음은 동의어 활용을 연습 할 수 있는 방법입니다. 지문 속에서 동의어, 반의어를 찾는 연습입니다. 이렇게 지문을 선별하여 학생들이 연습할 수 있게 도와주세요. 지문은 수업시간에 배운 내용을 중심으로 하면 좋겠죠? 다음과 같은 지문을 학생에게 제시합니다. 몇 가지 단어에는 밑줄이 그어져 있습니다. 학생들은 이 단어를 변경해야 합니다.

One bright summer day, in a field filled with tall, green grass, there lived a cheerful grasshopper. The grasshopper loved to sing and dance all day long, without a care in the world. He thought that summer would last forever and never worried about the future.

But not far from the field, there was a group of hardworking ants. They were busy collecting food and storing it in their underground homes to prepare for the cold winter months ahead. They worked <u>tirelessly</u>.

주어진 단어 중 동의어와 반의어를 써 볼 단어를 제시합니다.

1) bright

- 동의어 sunny, dazzling, shining
- 반의어 dark, dusky, gloomy

2) tall

- 동의어 towering, lofty, grand
- 반의어 short, petite, tiny

3) cheerful

- 동의어 bright, joyful, merry
- 반의어 gloomy, depressed, dismal

4) hardworking

- 동의어 diligent, dedicated, tireless
- 반의어 lazy, idle, unmotivated

학생들이 직접 동의어, 반의어를 써보며 어휘를 더 유용하게 활용할
수 있도록 해주세요.

다음 빈칸을 채워 넣는 활동으로 동의어 활용을 직관적으로 연습해 볼
수 있습니다.

Adjectives &Feelings

DIRECTIONS: Fill in the blank with the correct synonym of the underlined adjectives.

EX: I was sad because I lost my bracelet.

➡ I was upset because I lost my bracelet.

---

guilty	exhausted	wonderful	gloomy	anxious

1. We were nervous about the results of the test.

We were _____ about the results of the test.

2. They felt sad because the weather was bad outside.

They felt _____ because the weather was bad outside.

3. Johnny felt bad about making his sister cry.

Johnny felt _____ about making his sister cry.

4. Sara was tired after studying all day.

Sara was _____ after studying all day.

5. I had a great time at the amusement park.

I had a _____ time at the amusement park.

대화형식의 영어문장을 동의어를 활용하여 수정해 보는 연습도 유용합니다. 학생들이 문장에서 나온 특정단어를 다른 단어로 바꾸어 보도록 합니다. 이러한 단어들은 일상생활에서도 적용해서 사용해 볼 수 있어, 실용적인 방법입니다.

Peter : Wow! You're pretty good. → really good

Laura : Thanks. I practice a lot. → train

Peter : Wow. That's amazing. → great / fantastic

어휘의 활용이 글쓰기 실력을 키워줍니다. 풍부하게 어휘를 다룰 줄 아는 것은 글쓰기의 기본 바탕이 됩니다. 습관적으로 사용하는 어휘 외에도 다양한 동의어를 활용해보려는 연습이 필요합니다.

설명하는 단락 쓰기 연습

설명문(Expository Writing)은 특정한 정보를 설명하거나 전달하려는 목적을 가진 글쓰기의 한 유형입니다. 설명문에서는 주관적인 감정보다는 객관적인 사실과 통계, 구체적인 예시 등을 들어 내용을 뒷받침합니다.

설명하는 글쓰기를 위해 필요한 활동은 무엇일까요? 우선, 쓰고자 하는 내용에 대해 충분한 자료 조사를 거쳐야 합니다. Step 1의 6장에서는 정보를 수집한 후 설명문을 쓰는 것에 대해 다루어 보았습니다. Step 2에서는 탄탄한 단락을 쓰기 위해 알아야 할 부분에 관해 이야기해 보겠습니다.

"우리 하나의 문단을 햄버거나 샌드위치라고 생각해 보자. 햄버거나 샌드위치는 빵 속의 야채나 햄, 치즈 등이 들어가 있지?"

"네."

"문단 구성도 이렇게 한다고 생각해 봐. 가장 윗부분의 빵은 시작 문단이야. 그리고 빵과 빵 사이에는 맛있는 재료들이 들어가 있지? 그 재료들을 중심 문장과 그를 뒷받침해 주는 문장들이라고 생각해 봐."

"네 그렇게 생각하니, 글을 좋은 재료들로 채워 넣어야겠다는 생각이 들어요."

"맞아, 재료를 주제에 관해 자세히 설명해 주는 문장들로 맛있게 잘 채워 넣으면 좋겠지? 그런 후 마지막 빵 한 조각으로 글을 잘 마무리해 주면 돼. 이렇게 글을 하나의 맛있는 햄버거를 만든다고 생각하고 써보자."

다음의 사막에 대해 설명하는 글을 앞의 문단 구성에 대해 설명한 부분을 적용하며 읽어보세요.

Main Idea : The desert is a unique environment with specific plants and animals.

Supporting Sentences :

1. Desert Plants : In the desert, you can find special plants like cacti. Cacti have thick, spiky skin to store water because the desert doesn't have much rain. They help the desert stay green even in a dry place.

2. **Desert Animals :** Some animals in the desert have special ways to survive without much water. For example, camels can drink a lot of water at once and store it in their humps. This helps them stay hydrated for a long time.

Conclusion :

In the desert, you can find specific plants and animals that have adapted to the dry conditions. It's an important part of our natural world.

중심생각 : 사막은 특정한 식물이 살고 동물이 자라는 특별한 환경입니다.

서포팅 문장 :

1. 사막의 식물들 : 사막에서, 선인장과 같은 특별한 식물들을 발견할 수 있습니다. 선인장은 사막에 비가 많이 내리지 않기 때문에 물을 저장하기 위한 두껍고 뾰족한 껍질을 가지고 있습니다. 껍질은 사막이 건조한 곳에서도 푸르게 지낼 수 있도록 도와줍니다.

2. 사막 동물들 : 사막의 어떤 동물들은 많은 물 없이도 살아남기 위한 특별한 방법들을 가지고 있습니다. 예를 들면, 낙타는 한 번에 많은 물을 마시고 그것을 그들의 혹에 저장할 수 있습니다. 이것은 낙타가 오랫동안 수분을 유지하는 것을 도와줍니다.

결론 : 사막의 건조한 조건에 적응한 특정 식물과 동물을 발견할 수 있습니다. 사막의 동물과 식물은 우리 자연환경의 중요한 부분입니다.

이렇게 맛있는 샌드위치나 햄버거를 만든다고 생각하며 재료들을 차곡차곡 쌓아보세요. 더 좋은 글을 쉽게 쓸 수 있게 됩니다.

정보를 주는 글쓰기의 패러프레이징 연습

'아이들이 영어 과제나 학습을 할 때, 번역기를 사용해도 괜찮을까?' 한 번쯤은 이런 고민을 해 보신 적 있으시지요? 변화하는 시대에서 이러한 도구를 아예 사용하지 않을 수는 없습니다. 중요한 것은, 도구를 올바르게 사용하는 방법을 아는 것입니다. 번역기에서 번역해 준 문장이 내가 원하는 것을 정확하게 표현해 주는지 스스로 판별할 수 있어야 합니다. 번역기 사용으로 인해 무엇보다 우려되는 점은 이렇게 AI 번역기가 작성해 준 문장을 그대로 복사해서 붙여 써도 무방하다는 인식이 생기는 것입니다.

자신의 생각이 담겨 있지 않은, 직접 쓰지 않은 글을 자신이 쓴 것처럼 그대로 따라 쓰면 안 됩니다. 자신의 생각이 아닌 글을 빌려 쓸 때에는 반드시 그 출처를 남겨야 합니다.

설명하는 글쓰기 수업 시간이었습니다. 당시 인터넷 검색을 통해 자료를 수집하는 과정을 가졌습니다. 이때 한 학생이 어린이 뉴스 기사를 그대로 복사해서 자신의 글에 붙여 쓴 것을 보았습니다. 문제는 학생이 타인의 글을 그대로 쓰는 행동이 잘못된 행동임을 인지하지 못하는 점이었습니다. 요즘은 인터넷으로 너무나 쉽게 정보를 얻을 수 있기 때문에 반드시 이와 관련 교육이 수반되어야 합니다.

따라서 글쓰기를 위한 패러프레이징(Paraphrasing) 기술은 필수입니다. 정보를 찾은 뒤 그것이 자신의 것인 양 그대로 사용해서는 절대 안 됩니다. 중급 레벨에서는 패러프레이징 기술에 관해 설명해 보려고 합니다.

패러프레이징은 무엇일까요? 패러프레이징은 텍스트의 원래 내용을 다시 말하는 과정입니다. 본래 글의 핵심 아이디어는 유지합니다. 동시에, 나만의 문장 구조와 새로운 어휘 선택으로 표현을 새롭게 하는 방법입니다. 패러프레이징은 객관적 정보를 요약하거나 다른 사람의 아이디어를 인용, 설명할 때 유용합니다. 다른 작가의 아이디어나 텍스트를 도용하지 않고 존중하며, 그를 바탕으로 자신의 글을 만드는 과정입니다. 다른 사람의 글을 그대로 재사용하거나 수정하는 것은 불공정한 방법입니다.

다음으로 패러프레이징하는 방법에 대해 설명해보겠습니다.

첫 번째, 원본 텍스트를 충분히 이해해야 합니다. 언제나 중심 문장을 잘 파악해 주세요.

두 번째, 원본을 완전히 보지 않은 상태에서 그 내용을 자기 말로 표현하세요. 먼저 원본 텍스트의 중심 생각을 간결하게 파악해 보세요.

세 번째, 원본을 자신의 언어로 바꾸어 보세요. 동의어를 사용하면 더 쉽게 써 볼 수 있습니다. 이렇게 하면 원본과의 중복을 피하고 패러프레이징을 효율적으로 할 수 있습니다.

다음의 예문을 참고하여 패러프레이징 연습을 해보세요.

The desert is a unique environment with specific plants and animals
adapted to its dry conditions.
→ The desert is a special place with special plants and animals that have
learned how to live in its dry weather.

설명하는 단락을 쓰기 위해 정보를 올바른 방법으로 습득하세요. 그
후, 내가 전달하고자 하는 내용에 관해 구체적인 예시나 이유를 들어 글
을 단단하게 구성하세요.

(5)

생생하게 묘사하면서
실력 쑥쑥

"자, 오늘은 묘사하는 글쓰기에 대해 배워볼 거예요. 그럼, 아율이와 지민이가 앞으로 나와 보세요."

"아율이는 그림을 볼 수 없어요. 지민이만 그림을 볼 수 있어요. 아율이는 지민이가 그림에 관해 설명하는 것만 듣고 그림을 그려보세요."

지민: "자, 그림에는 키가 큰 나무들이 많이 있어. 긴 나무 사이로는 좁은 길이 있어. 하늘에는 파란 새들이 다섯 마리 있고. 신선한 바람이 부는 것이 느껴져."

아율이는 설명을 들은 대로 보드에 그려 봅니다. 같은 반 나머지 친구들은 학생 아율이의 그림이 잘 그려지고 있는지 관찰합니다. 아율이가 그림을 다 그린 후, 지민이가 가지고 있던 원본 그림과 비교해봅니다.

학생들에게 구체적으로 묘사하는 것의 중요성과 필요성을 인식시켜 줄 수 있는 활동입니다. 얼마나 다양한 어휘를 사용하여 표현하느냐에 따라 듣는 사람에게 내가 의도한 바를 잘 전달할 수 있는지 스스로 깨달을 수 있습니다.

묘사하는 글쓰기는 어떤 대상, 장소, 인물, 사건 또는 경험을 상세하게 표현하는 글쓰기의 형태입니다. 독자에게 명확한 시각적, 감각적, 청각적 경험을 전달합니다.

생생하게 묘사하는 글을 쓰기 위해 가장 쉬운 방법이 있습니다. 바로 오감을 사용하는 것입니다. 오감(시각, 청각, 후각, 촉각, 미각)을 활용하면 글을 더 생동감 있고 감각적으로 만들어 줍니다. 상황을 더 생생하게 묘사해 줍니다. 특별한 냄새, 시각적 풍경, 음악, 또는 맛을 표현하며 흥미로운 스토리나 글을 작성할 수 있습니다.

다음 피자에 대해 묘사한 두 문단을 살펴보겠습니다.

1. Pizza is a tasty food that many people love to eat. On top, there is yummy tomato sauce and melted cheese. Sometimes, you can add your favorite toppings like pepperoni or mushrooms. When it's cooked, it smells

so good.

피자는 많은 사람들이 좋아하는 맛있는 음식입니다. 맛있는 토마토 소스와 녹은 치즈가 올려져 있습니다. 때로는 페퍼로니나 버섯 같은 토핑을 추가할 수 있습니다. 요리가 완성되면 정말 좋은 냄새가 납니다.

2. Imagine a pizza, freshly baked from the oven. The crust is warm and soft, while the tomato sauce gives a tangy taste that dances on your tongue. Close your eyes, and inhale the mouthwatering smell.

오븐에서 갓 구워낸 피자를 상상해 보세요. 크러스트는 따뜻하고 부드러우며 토마토 소스는 톡 쏘는 맛이 춤을 추듯이 납니다. 한 입 물면 녹은 치즈가 부드럽게 늘어납니다. 눈을 감고 군침이 도는 냄새를 맡아 보세요.

1번과 2번 문단 중 어떤 문단의 피자가 더 생생하게 떠오르나요?
2번 문단일 것입니다. 오감을 사용하여 글쓰기 할 때, 다음과 같은 어휘를 사용해보세요. 읽는 사람이 내가 표현하고자 하는 것을 쉽게 이미지화할 수 있게 됩니다.

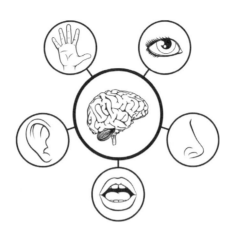

Sight) Colorful, Bright, Shiny, Sparkling, Vivid, Beautiful, Interesting

Smell) Delicious, Yummy, Tasty, Sweet, Fragrant, Scrumptious Wonderful

Taste) Tasty, Savory, Sweet, Salty, Spicy, Tangy, Flavorful

Touch) Soft, Smooth, Warm, Cozy, Tingly, Crunchy, Squishy

Hearing) Sizzling, Crunching, Crispy, Squeaky, Bubbling, whistling

주제에 대해 생생하게 묘사해야 내가 전달하고자 하는 바를 잘 전달할 수 있습니다. 개인이 가지고 있는 배경지식과 경험이 모두 다르기 때문입니다. 같은 그림을 보면서도 모두가 느끼는 바는 다릅니다. 글을 읽는 사람에게 시각적 이미지나 느낌, 상황을 제대로 전달하기 위해서는 내가 사용하는 어휘와 표현에 더 집중해야 합니다.

스토리 구성요소를 알면
글쓰기가 쉬워진다

"말은 우리의 가장 무한한 마법의 원천입니다."

세계적으로 독자들의 사랑을 받는 해리포터의 작가 J. K. 롤링(J.K Rolling, 1970~)이 이렇게 말했습니다. 글쓰기는 창의력을 발전시킬 수 있는 가장 좋은 수단 중 하나입니다. 자신만의 이야기를 만들고 세계를 상상하면서 창의력을 키울 수 있습니다. 자신을 돌아볼 수 있는 수단이 되기도 합니다. 이 책의 Step 1의 5장에서는 나와 관련된 스토리텔링을 하는, Narrative Story Telling을 중심으로 이야기해 보았습니다.

이번 장에서는 소설(Fiction)의 구성요소를 알아보겠습니다. 그리고 연습을 위한 방법을 안내해 보겠습니다. 소설에는 다양한 종류가 있습니다. 마법, 요정, 용, 마법사 등과 같은 현실에서 있을 수 없는 이야기를 다루는 판타지 소설이 있습니다. 판타지는 상상력을 자극하며 새로운 세계를 탐험해 보는 스토리입니다. 리얼리스틱 픽션(Realistic Fiction)은 일상생활과 관련된 주제를 다룹니다. 학생들이 일상생활에서 경험할 수 있는 소재가 등장합니다. 가족, 친구, 학교생활 등과 관련된 주제를 다루어 스토리에 한층 더 공감할 수 있습니다. 미스터리나 수수께끼를 해결하는 추리 소설도 있습니다. 다양한 장르의 책을 읽어보세요. 장르에 따라 스토리가 어떠한 특징을 가졌는지 알 수 있습니다. 내가 글을 쓰는 데에도 좋은 재료가 됩니다.

　서우는 글쓰기와 표현하는 활동을 좋아하는 학생입니다. 평상시에도 자신의 상상 속 이야기로 미니북을 만들거나 글을 끼적이는 것을 즐겨합니다. 학생이 관심 있어 하는 분야를 이용하는 것은 학습적으로 언제나 도움이 됩니다. 그래서 서우와 함께 영어책 만들기를 해보았습니다. 먼저, 소설의 구성 요소를 정확하게 인지시켜 주었습니다. 구성 요소를 통해 스토리라인을 더 단단하게 만들었습니다. 등장인물이 맞이하는 갈등과 해소 부분을 더 구체적으로 표현하였습니다. 스토리 쓰기를 완성 후, 이미지 편집 프로그램을 사용해 보았습니다. 앞서 쓴 스토리를 입력한 후, 서우가 직접 스토리에 맞는 그래픽 요소와 그림들을 넣었습니다. 표지를 직접 만들고 제본을 하니 한 권의 책이 완성되었습니다. 책을 완성하며 서우는 영어 실력 향상은 물론 자신감과 성취감까지 느낄 수 있었습니다.

모든 학생이, 서우처럼 글쓰기를 좋아하고 표현하는 것을 편안하게 생각하지는 않습니다. 그러나 학생들은 충분한 가이드라인을 받으며 글을 완성하는 법을 배우는 과정을 충분히 도전해 볼 수 있습니다. 그 첫 번째 과정으로, 소설의 구성요소에 대해 알아보도록 하겠습니다.

소설의 구성요소는 무엇일까요? 등장인물, 배경, 문제점과 해결책의 네 가지입니다. 주제를 정한 후, 학생들이 소설의 구성요소를 직접 써 볼 수 있게 해주세요.

1. 캐릭터

- 등장인물을 만들어야 합니다. 등장인물들의 이름, 나이, 성격, 외모를 생각해 봅니다. 캐릭터의 특징에 대해 알 수 있는 단어들과 함께 스토리의 등장인물들을 정해봅니다.

2. 배경

- 스토리가 일어나는 장소나 시대를 정합니다.

3. 문제점, 딜레마

- 등장인물들이 겪는 어려움이나 문제에 대해 고민해 보세요.

4. 해결, 결말

- 등장인물이 겪은 딜레마나 문제점들이 어떻게 해소가 되는지 그 과정을 생각

  하세요.

Story Map

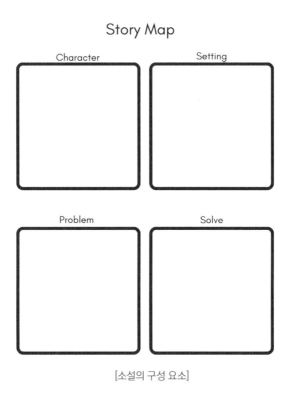

[소설의 구성 요소]

앞의 네 가지 요소를 오거나이저에 적어 보면서 소설의 아웃라인을 작

성합니다. 다음으로, 스토리 라인을 만들어 봅니다. 스토리의 단계에 맞

게 다음과 같은 질문을 해봅니다.

1. 처음(Beginning)

- 처음에 무슨 일이 일어날까요?

- 주인공은 누구인가요?

- 배경은 어디인가요?

- 등장인물들의 기분은 어떤가요?

2. 전개(Build up)

- 그다음엔 무슨 일이 일어날까요?

3. 문제(Problem)

- 무엇이 문제 되는 상황인가요?

4. 해결(Resolution)

- 이 문제는 어떻게 해결이 되나요?

- 등장인물들의 기분은 어떤가요?

5. 결말(Ending)

- 그 이야기는 어떻게 끝나요?

- 행복하게 끝나나요?

- 이 이야기에서 배울 점이 있나요?

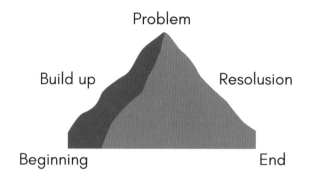

Plot line

[스토리의 흐름]

글쓰기의 과정 중 학생들이 언제 가장 어려워할까요? 바로 시작 부분입니다. 적절한 예시나 옵션을 주어 학생들이 글을 쓰기 시작하는데 고민을 줄여줄 수 있습니다. 판타지 소설을 구성한다고 가정해 보겠습니다. 다음의 주어진 요소들을 잘 조합해서 스토리 쓰기를 시도해 보세요. 나의 아이디어를 더해 스토리 쓰기에 쉽게 접근해 볼 수 있습니다.

1. 주인공

- 마술사, 슈퍼히어로, 해적, 프린스, 프린세스

2. 배경

- 성, 무인도, 숲, 동굴

3. 소설의 문제

- 갑자기 나타난 야생동물

- 병에 걸린 주인공

- 신비로운 힘을 잃어버린 히어로

- 잃어버린 물건

4. 문제의 해결

- 마술봉의 등장

- 슈퍼히어로의 도움

- 소원을 들어주는 할머니의 등장

- 의문스러운 물건

   상상력을 발휘하며 새로운 내용을 창조해 내는 것은 결코 쉬운 활동이 아닙니다. 선생님이나 부모님의 가이드라인을 통해 학생들을 가능성의 영역으로 이끌어 주세요. 무한한 창의력을 끌어낼 수 있습니다.

⑦

시간의 흐름에 따라 단락 쓰기

내 인생 타임라인

2015년 : 내가 드디어 태어났어. 우리 가족은 매우 기뻐했어.

2020년 : 유치원에 다녀가기 시작했어. 유치원에서 친구들과 다양한 놀이를 했어.

2022년 : 이제 초등학생이 되었어. 스스로 해야 할 것들이 많아졌어.

2025년 : 처음으로 해외여행을 가 보았어. 사람들이 다른 언어를 사용하고 우리와
다른 모습으로 살아가는 것이 정말 신기했어.

2027년 : 바이올린을 배우기 시작했어. 몇 년 후에는 콩쿠르도 나가보고 싶어.

2030년 : 나는 드디어 대학생이 되었어. 처음으로 엄마 아빠와 떨어져서 혼자 지내
게 되었어. 내가 좋아하는 고양이도 키울 수 있게 되었어.

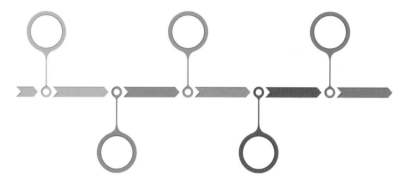

[타임라인 이미지]

　앞의 내용은 학생이 시간의 흐름에 따라, 내 삶의 타임라인을 써본 것입니다. 타임라인 작성을 통해 자기 경험과 이야기를 시간의 흐름에 따라 나열할 수 있습니다. 과거에 있었던 일, 현재의 일, 미래의 일을 시간의 순서대로 적어봅니다. 사건 및 이벤트를 순서대로 정리해 볼 수 있습니다. 과거와 현재 사건의 연관성을 파악할 수 있습니다.

　리딩과 함께 '시간의 흐름에 따른 글쓰기'를 적용해 볼 수 있는 가장 적합한 활동은 무엇일까요? 바로 위인전을 읽고 인물에 대해 느낀 점에 관한 글쓰기입니다. 위인전은 등장인물의 유년 시절부터 성장 과정에 맞춰서 내용이 기록됩니다. 그래서 시간의 흐름에 따라 구성된 글의 대표적인 장르입니다. 위인전을 배우는 것은 매우 유익합니다. 주인공의 훌륭한 행동을 통해 도덕적인 교훈을 얻을 수 있습니다.

위인전을 읽고 글쓰기를 위한 세 가지 포인트가 있습니다.

첫째, 시간의 흐름에 따라 인물을 설명하거나 묘사할 것.
둘째, 배운 점 및 교훈에 관해 자신의 의견을 제시할 것.
셋째, 배운 교훈을 나의 삶에 적용해 보며 앞으로의 다짐을 써보는 것.

우선 시간의 흐름에 따라 인물의 삶을 요약, 정리해 봐야 합니다. 위인전은 인물의 유아기부터 청소년기를 거쳐 성인이 되었을 때의 순서로 기록됩니다. 어렸을 때의 가정환경, 유년 시절의 사건, 청소년기 때의 사건 및 성인이 돼서 이룬 업적 등을 기록해야 합니다. 시기별로 중요한 사건을 정리합니다. 그들에게 닥친 어려웠던 일, 또한 어떠한 일을 해냈는지를 중심으로 인물에 대한 정보를 파악합니다.

두 번째로는 인물로부터 본받을 점에 대해 써보는 것입니다. 위인전의 특징상, 반듯이 배울 점이 있습니다. 등장한 인물들이 어떠한 어려움을 극복했는지, 어떠한 모범이 될 만한 행동을 했는지 파악합니다. 이 사람들에게 배울 점들을 요약해서 정리합니다.

세 번째로는 배우고 느낀 내용을 나의 삶에 적용해 보는 것입니다. 인물을 보고 느낀 점을 통해 나의 다짐이나 계획을 세웁니다.

앞의 내용을 시간의 흐름에 따라 논리적으로 연결해 보기 위한, 형용사 및 연결어를 소개해 보도록 하겠습니다.

위인전에 등장하는 인물은 본받을 점과 긍정적인 부분을 가지고 있습니다. 어떤 형용사를 사용해서 묘사해 보면 좋을까요?

다음과 같이 인물의 긍정적인 모습을 나타낼 수 있는 좋은 형용사를 활용하세요.

respectful	존경할 만한
polite	예의바른
courteous	공손한
considerate	배려하는
thoughtful	사려 깊은
tolerant	인내심 있는
honorable, modest, humble	존경할 만한
modest, humble	겸손한

또한 문장을 이어주는 연결어를 적절하게 사용하세요. 시간의 순서대로 사건을 잘 정리할 수 있습니다.

first	second
third	later
next	finally
then	last
after that	as soon as
previously	before

다음의 헬렌 켈러에 대한 단락을 어휘의 사용과 연결어에 집중에서 읽어 보세요.

Helen Keller was courageous. She did not let anything stop her. When she was a child, she faced a significant challenge because she couldn't see or hear. After meeting Anne Sullivan, she learned how to communicate using her hands. Later, despite these difficulties, she entered college. In 1904, she became the very first graduate who couldn't see or hear. As she grew up, Helen didn't stop. Finally, she became a famous author and speaker. She worked hard to help others, especially those with disabilities. Helen Keller's story reminds us that no matter what challenges we face, we can achieve great things and make the world a better place.

헬렌 켈러는 난관을 굳건하게 버텨낸 사람입니다. 그녀를 막을 수 있는 것은 아무것도 없었습니다. 먼저, 그녀가 어렸을 때, 그녀는 볼 수도 들을 수도 없었습니다. 그래서 그녀는 어려운 도전들에 직면했습니다. 앤 설리번을 만난 후, 그녀는 손을 사용하여 의사소통하는 방법을 배웠습니다. 나중에, 그녀는 이러한 어려움에도 불구하고 대학에 입학하였습니다. 1904년에 그녀는 볼 수도 들을 수도 없는 사람 중, 첫 졸업생이 되었습니다. 헬렌은 도전하는 것을 멈추지 않았습니다. 마침내, 그녀는 유명한 작가이자 연설가가 되었습니다. 그녀는 다른 사람들, 특히 장애가 있는 사람들을 돕기 위해 열심히 일했습니다. 헬렌 켈러의 이야기는 우리에게 어떤 도전에 직면하든, 우리는 위대한 것들을 성취할 수 있고 세상을 더 나은 곳으로 만들 수 있다는 것을 알려줍니다.

시간의 흐름에 따른 글은 사건이 일어난 순서대로 잘 정리하여 작성하여야 합니다. 사건을 시간의 흐름에 따라 부드럽게 연결하기 위해 적절한 연결어를 사용하세요. 흐름에 따른 논리적 구성이 가능해집니다.

분석하는 글쓰기
(공통점과 차이점, 원인과 결과)

"우리 지난 시간에 이어 이번 시간에도 서로 다른 스토리를 공부해 봤어. 이 두 스토리에는 공통점이 있어. 무엇일까?"

"코요테라는 동물이 등장해요."

"응, 맞아. 그런데 각 스토리에서 코요테의 성격은 어때?"

"첫 번째 스토리에서는 코요테가 다소 사악하고, 두 번째 스토리에서는 다른 친구들을 도와주는 친절한 캐릭터로 등장해요."

"응 좋은 의견이야. 그러면 우리 지금 이야기해 봤던 부분을 다이어그램에 정리해 보자."

비교하는 글쓰기를 위해, 학생들에게 다이어그램으로 공통점과 차이점을 정리하도록 했습니다. 학생들은 처음 다이어그램을 보고, 어떤 내용을 작성해서 채워 넣어야 할지 모르겠다는 반응이었습니다. 우선 다이어그램에 관해 설명해 주었습니다. 그 후, 두 캐릭터의 공통점과 차이점을 정리하여 어느 부분에 작성해야 하는지 알려주었습니다. 비슷한 점과 다른 점을 생각하면서 종이에 자유롭게 적어보도록 지도했습니다.

같은 종류의 동물이지만, 스토리에 따라 다른 성격으로 묘사될 수 있습니다. 첫 번째 스토리에서는 늑대가 규칙을 어기고 다른 사람들에게 피해를 주는 캐릭터였습니다. 그런데 다른 스토리에서는 남을 도와주는 캐릭터로 묘사되었습니다. 이러한 성격적 차이점도 있으나 두 캐릭터는 같은 동물이기 때문에 생김새와 외모적 특징이 비슷하다는 공통점도 있습니다.

비교하는 글쓰기는 주어진 주제나 두 개 이상의 대상을 비교하여 공통점과 차이점을 나열하는 것을 중점으로 합니다. 이는 학생들이 주어진 주제를 더 잘 이해하고 지식을 확장하는 데 도움이 줍니다. 또한 논리적 사고와 분석 능력을 향상할 수 있습니다. 이렇게 아이디어를 정리하다 보면 문단의 문장들이 잘 정리 정돈된 글을 쓸 수 있습니다.

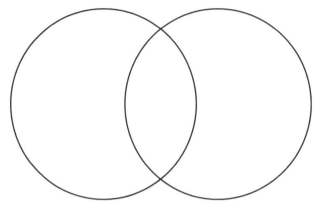

Compare & Contrast

[공통점과 차이점 밴 다이어그램]

공통점과 차이점 분석으로 글의 논리성을 더해줄 수 있는 훈련을 하세요.

원인과 결과에 따른 글쓰기

원인과 결과에 따른 글쓰기를 소개해 보겠습니다. 어떤 사건이나, 현상에 따른 결과를 설명하는 글쓰기입니다. 원인과 결과 사이의 인과 관계를 이해하게 됩니다.

"왜 어떤 일이 발생했는가?" 또는 "어떤 행동이 어떤 결과를 가져왔는가?"와 같은 주제를 선택할 수 있습니다. 글을 쓸 때는 일어난 순서대로 사건을 정리하세요. "so 그래서," "as a result 따라서," "in conclusion 결과"와 같은 연결어를 사용하여 결과를 나타내주세요.

과학 실험에 대한 글은 원인과 결과를 나타내주는 대표적인 글입니다. 예를 들어, 환경이 식물 성장에 미치는 영향을 실험해 보고 결과를 기록하는 경우와 같습니다. 다음의 예문을 읽어보세요. 원인은 파란색으로, 결과는 빨강색으로 표시되어 있습니다.

Plants require water. It affects them in various ways. Firstly, if the plants are not watered, plants will dry and harden, and their leaves will wither. Plants absorb water and nutrients through their roots, stems, and leaves. They use them to grow. Therefore, providing enough water allows plants to grow healthily. Thus, those who grow plants need to provide constant care.

식물은 물을 필요로 하고, 물은 다양한 방식으로 영향을 줍니다. 물을 주지 않으면, 식물은 말라 굳을 것이고, 잎은 시들 것입니다. 식물은 뿌리, 줄기, 잎을 통해 물과 영양분을 흡수하여 자랍니다. 그래서 충분한 물을 제공하면 식물이 건강하게 자랄 수 있습니다. 그러므로 식물을 기르는 사람들은 지속적으로 식물을 돌봐야 합니다.

원인과 결과에 따른 글쓰기는 다양한 사건이나 상황에서 인과 관계를 이해하는 데 도움을 줍니다.

공통점과 차이점, 또는 원인과 결과에 따라 작성하는 글을 능동적으로 분석해 보고 글을 쓰세요. 두 활동 모두 학생들에게 논리적 사고 능력을 향상시키는 데 도움이 됩니다. 학생들은 자신의 생각을 구조화하고 표현하는 데 연습하면서 글쓰기 기술을 향상시킬 수 있습니다.

영어 글쓰기의 기초 체력, 챕터북 읽기 도전하기

"아이의 리딩 점수가 1년째 오르지 않아요. 이게 맞는 방법인지 모르겠어요."라며 한 어머님이 고민을 털어놓으셨습니다.

학생의 학습 기간이 길어질수록, 학습하는 교재 및 원서의 레벨도 같이 올라가기 마련입니다. 교재 및 원서의 수준이 높아짐에 따라 학습자의 레벨도 같이 상승하여야 이상적입니다. 그런데 안타깝게도 학생이 수업 시간에 수업만 열심히 들으면 언어의 총체적인 실력이 늘지는 않습니다.

학습하는 내용의 복습 과정, 예습 과정이 병행되고 충분한 인풋이 있어야 합니다. 리딩 레벨을 높이려면 리딩을 많이 해야 하는 것이 본질입니다. 아무리 다른 방법을 찾아보아도 본질적인 부분인 다독 및 정독이 병행되지 않으면 레벨 상승은 어렵습니다. 학습자가 인풋으로 리딩을 충분히 해야 아웃풋으로서 글쓰기의 수준이 높아지기 마련입니다. 글쓰기의 총체적 향상을 위해, 중급 레벨 학생들이 유용하게 읽으며 활용할 수 있는 원서를 소개해보고자 합니다.

초급 레벨에서 픽처북과 리더스북을 읽었다면 이제는 얼리 챕터북과 챕터북 읽기가 습관화되고 편안해져야 합니다. 얼리 챕터북은 챕터북보다 난이도가 쉬운 책을 말합니다. 리더스 북에서 챕터북을 바로 넘어가기 어려운 학생들에게 적절한 책입니다. 바로 챕터북 읽기가 어렵다면 얼리 챕터북을 먼저 읽어보세요. (챕터북에 대한 내용은 Step 2의 1장에서 소개해 드렸습니다.) 그럼, 제가 수업 시간에 학생들과 유용하게 활용하고 있는 적절한 도서를 추천해 보도록 하겠습니다.

얼리 챕터북(Early Chapter book)

	시리즈	작가	AR	권당 단어 수	내용
	Nate the Great	Marjorie Weinman Sharmat	2.0~3.1	약 1,500~2,500	꼬마탐정 네이트(Nate)과 그의 친구들이 풀어가는 사건
	Diary of Pug	Kyla May	2.5~2.9	약 2,300~2,500	주인공 퍼그(Pug)의 시각에서 전해지는 일상 생활, 모험 좌충우돌 일상

	Press Start	Thomas Flintham	2.3~2.9	약 2,100~2,400	비디오 게임 문화와 모험 요소를 결합하여 재미있고 흥미진진한 이야기
	Mercy Watson	Kate DiCamillo	2.7~3.2	약 1,900~22,340	돼지 메르시(Mercy)와 그녀의 주인인 어린 소년이 경험하는 재미있고 유쾌한 이야기
	Young Cam Jansen	David A. Adler	2.3~2.9	약 4,600~6,500	주인공인 어린 캠 젠슨 (Cam Jansen)이 다양한 미스터리를 해결하는 이야기
	A Narwhal and Jelly	Ben Clanton	2.4~2.9	약 1,100~1,600	고래와 해파리의 우정과 모험
	Owl Diaries	Rebecca Elliott	2.7~3.2	약 2,200~2,900	주인공 부엉이 에바(Eva)의 학교생활 및 친구사이의 관계
	The Princess in Black	Shannon Hale	3.0~3.5	약 2,000~2,500	공주와 수퍼히어로의 용감한 행동과 우정
	Judy Moody and Friends	Megan McDonald	2.5~3.3	약 2,000~2,700	주인공 주디 무디 (Judy Moody)와 친구들의 성장 스토리
	Horrid Henry Early Reader	Francesca Simon	2.6~3.2	약 20,000	장난꾸러기 헨리 (Henry)의 경험담

챕터북(Chapter Book)

	시리즈	작가	AR	권당 단어 수	내용
	Magic Tree House	Mary Pope Osborne	2.6~3.7	약 4,500~9,100	주인공인 남매 애니(Annie)와 잭(Jack)이 다양한 시대와 장소로 여행하는 모험
	A-Z Mysteries	Ron Roy	3.2~4.0	약 6,500~9,900	주인공들이 미스테리한 사건을 풀어가는 이야기
	Dragon Masters	Tracey West	3.1~3.9	약 5,700~6,000	주인공인 드레이크(Drake)와 그의 친구들이 드래곤 마스터로서 여러 모험
	Wayside School	Louis Sachar	3.3~3.9	약 20,300~28,600	개성 넘치는 주인공들의 학교생활
	Weird School	Dan Gutman	3.5~4.4	약 6,400~8,030	독특한 선생님과 함께하는 학교생활
	The Storey Tree House	Andy Griffiths	3.2~4.3	약 9,200~13,200	나무집에 사는 두 소년의 상상력과 위트가 넘치는 스토리
	Encyclopedia Brown	Donald J. Sobol	3.9~4.8	약 8,400~16,600	한번 보면 뭐든지 기억하는 백과사전 같은 소년의 이야기

	Geronimo Stilton	Elisabetta Dami	3.1~4.4	약 4,000~10,000	신문사에서 일하는 주인공의 원치 않는 여행과 모험
	Captain Underpants	Dav Pilkey	4.3~5.3	약 5,500~17,900	개구쟁이 두 소년이 변신하면서 일어나는 재미있는 이야기와 사건
	Percy Jackson 1부	Rick Riordan	4.1~4.7	약 72,000~87,000	모험, 우정, 그리고 신화적인 요소를 풍부하게 담아낸 이야기

학생들과 원서 리딩을 통해 얻은 장점에 관해 이야기해 보았습니다.

유설 : 처음에는 제가 좋아하는 그래픽 노블만 읽었어요. 흥미로운 주제의 원서로 접하다 보니 이제는 챕터북에도 자연스럽게 손이 가요.

해리 : 원서를 읽으면서 글쓰기 실력도 늘고 있다는 것이 느껴져요. 다양한 문장을 접하면서 문장도 다양하게 쓸 수 있게 되는 것 같아요.

하윤 : 영어 원서에서 읽었던 비슷한 주제의 내용을 다른 지문에서 또 읽게 되면 내용 이해가 훨씬 쉽게 돼요.

영어 원서 리딩을 통해 독해 능력 향상은 당연한 이야기입니다. 또 다른 장점은 영어로 된 지문을 이해하는 데 도움이 되는 배경지식이 됩니다. 원서 리딩은 우리나라 학생들이 접근하기에 다소 생소한 주제나 문화적 차이가 있는 주제에 관한 이해를 돕습니다. 텍스트에 대한 다양한 경험은 자연스럽게 쓰기 능력향상으로 이어집니다. 영어 글쓰기의 기초 체력을 리딩으로 단단하게 훈련하세요.

중급 셀프 피드백 체크리스트

선생님: "이것 좀 고쳐 볼까? 다시 읽어 봐."

학생: "선생님이 고쳐 주시는 거 아니에요?"

선생님: "지금 이 문장들의 오류는 충분히 스스로 고칠 수 있는 부분이야. 다시 한 번 읽어 봐. 지금 여기 두 문장이 연결되어 있지만 문법적인 오류가 있어."

학생: ...

글쓰기를 마친 후, 선생님이 모든 오류를 고쳐주지 않으면 의아해하는 학생들이 있습니다. 스스로 천천히 읽어보면 충분히 고쳐볼 수 있는 문장인데도 수정은 모두 선생님이 해주는 것으로 생각하는 것입니다. 스스로 고칠 수 있다고 판단되는 학생의 경우, 오류가 있는 부분을 표시만 해

주고 직접 고쳐보도록 합니다. 자신의 문장을 읽어보며 무엇이 오류인지 생각해 볼 시간이 필요합니다.

선생님이 일방적으로 고쳐준 피드백은 학생에게 크게 도움이 되지 않습니다. 선생님은 글쓰기의 전 과정이 이루어지는 동안 학생들을 도와주며 의미 있는 피드백을 줘야 합니다. 이렇게 양방향에서 소통이 이루어져야 도움이 되는 피드백이 됩니다. 이러한 과정을 마친 후, 학생은 스스로 다 쓴 글을 다시 읽어보면서 검토해야 합니다.

1. Step 2에서는 다음 부분에 중점을 두고 글을 검토해 보세요.

1) 대소문자 점검

2) 구두법 점검

- 대소문자와 구두법에 대해서는 Step 1의 10번장에서 자세히 설명하였습니다.

3) 그래머(Grammar)

- 문장의 주어와 동사가 빠지지 않고 작성되었다.
- 시제 (과거, 현재, 미래)가 잘 표현되었다.
- 동사의 단수, 복수를 알맞게 표현했다.
- 현재시제, 동사변형이 잘되었다.

4) 스펠링(Spelling)

- 스펠링을 검토하고, 의심이 되는 단어는 사전을 찾아보며 검토하였다.

5) 구조(Organization)

- 문단의 중심생각을 잘 표현하였다.

- 중심생각에 대한 근거가 타당하다.

- 주제에 벗어난 문장이 없다.

- 중복되는 표현을 사용하지 않았다.

2. 문단 작성 셀프 점검 리스트

Step 1에서는 구두법과 맞춤법을 중심으로 문장의 형태적 오류를 수정하는 것을 다루었습니다. Step 2에서는 문단의 논리성을 검토하는 셀프점검을 해보겠습니다.

STEP2 WRITING CHECKLIST

주제를 소개하는 문장을 작성하였다 ✓

중심생각을 한 문장으로 표현하였다 ✓

중심생각에 대한 적절한 근거와 예시를 작성하였다 ✓

연결어를 적절하게 사용하였다 ✓

중심생각을 나타내는 클로징 문장을 작성하였다 ✓

Step 2에서는 내용적인 수정과 재구성 또한 포함되어야 합니다. 글의 내용을 개선하기 위한 노력의 과정입니다. 먼저 글의 내용을 검토하세요. 글의 내용이 주제에 맞게 연결되었는지, 주제에 벗어난 문장인지를 파악하세요. 이 문장이 글에 꼭 필요한 문장인지 검토해 보세요. 반복되는 표현이나 어휘의 사용이 적절한지에 대해 검토하세요.

Step 3.

영작의 꽃,
논리적인 에세이 쓰기

$$\left(\begin{array}{c}1\end{array}\right)$$

고급 레벨 글쓰기,
이것만은 알고 시작하자

에세이 작성 전, 학생들과 글을 잘 쓰면 좋은 이유에 대해 의견을 나누어 보았습니다.

"글을 잘 쓰면 뭐가 좋을까요?"

"글쎄요. 학교 성적이 잘 나올 수 있어요."

"한 번 더 곰곰이 생각해 볼게요. 글을 잘 쓰면 생각을 잘 정리하고 전달할 수 있어요. 또 다른 사람이 자신의 의견을 받아들일 수 있도록 설득할 수 있어요. 자기 생각을 잘 정리하고 전달할 수 있는 능력은 자신이 원하는 꿈을 이룰 수 있는 확률을 높여주게 돼요."

글쓰기를 하면 좋은 점들을 학생들에게 알려주세요. 내가 왜 주제에 맞는 글을 써야 하는지, 왜 그 글의 근거를 제시해야 하는지를 알게 해주세요. 그러면 과정에 의문을 품지 않고 더 집중할 수 있게 됩니다.

에세이란 무엇일까요? 에세이는 글쓰기의 한 형태입니다. 자기 생각과 아이디어를 조직화하여 다른 사람에게 효과적으로 전달하는 과정을 글로 표현하는 것입니다.

먼저 Step 2에서 설명해 드렸던 좋은 문단 쓰기를 쓰기 위해 알아야 할 부분에 대해 잘 기억하세요.

1. 중심 문장이 꼭 있어야 한다.
2. 불필요한 문장이 없어야 한다.
3. 결론이 중심 문장을 잘 요약해야 한다.

에세이와 문단은 구성에서 비슷한 점이 있습니다. 하지만 에세이는 더 많은 정보가 포함되어야 합니다. 모든 단락이 하나의 중심 생각을 이야기해야 합니다. 또한 이러한 단락이 논리적으로 연결이 되어 하나의 메시지를 전달해야 합니다. 학생들에게 에세이를 작성할 때 어떠한 부분이 가장 어려운지 질문하였습니다. 우선 아이디어를 내기와 에세이 구조에 대한 이해가 어렵다 하였습니다. 또한 결론 부분을 쓰는 것이 잘 와닿지 않는다는 점이었습니다.

Essay Writing

Introduction
_____
_____
_____

Body 1
_____
_____
Details:
_____
_____
_____
_____
_____
_____

Body 2
_____
_____
Details:
_____
_____
_____
_____
_____
_____

Body 3
_____
_____
Details:
_____
_____
_____
_____
_____
_____

Conclusion
_____
_____

[에세이의 구조 그림]

에세이는 어떻게 구성될까요?

첫째, 에세이는 주제, 서론, 본론, 결론으로 구성됩니다. 주제는 에세이의 주요 아이디어입니다. 서론은 에세이를 소개하고 읽는 이의 관심을 일으키는 부분입니다. 본론에서는 아이디어와 주장을 펼쳐 나갑니다. 주장에 대한 예시나 근거를 제시합니다. 결론은 에세이를 마무리 짓고 주제를 다시 한 번 강조하는 부분입니다.

먼저, 주제를 신중하게 고려해야 합니다. 학생들이 관심을 가질 수 있고 배경지식을 활용할 수 있는 주제를 찾도록 해주세요. 예를 들면 휴대전화 사용 시간을 어떻게 하는 것이 좋을까? 내가 가장 가고 싶은 여행지, 학교생활에서의 규칙은 왜 필요한가? 등 학생들이 일상생활에서 경험하고 공감할 만한 소재면 더욱 좋습니다. 에세이 작성에 더 흥미를 더할 수 있습니다.

그럼, 에세이를 잘 쓰기 위해 어떤 활동을 매일 해야 할까요? 무조건 많이 쓴다고 좋은 글이 나올까요? 매일 쓰기 위해서는 쓰기에 부담이 적고 쉬운 글쓰기를 시작하세요.

매일 쓸 주제에 대해 프롬프트를 활용한 글쓰기를 하세요. 프롬프트는 글쓰기를 위한 특정 질문이나 문장입니다. 이때, 글을 쓰는 시간에 제한을 두세요. 예를 들어, 15분 또는 30분 동안 프롬프트를 기반으로 글을 써 보세요. 글쓰기를 위한 일정 시간을 확보해야 글쓰기의 실력이 향상됩니다. 선택한 주제에 대해 더 집중할 수 있습니다. 주제는 수업 시간에 이미 배운 내용들을 활용하면 좋습니다. 배운 내용을 장기기억으로 가져가며 내 생각을 정돈할 수 있습니다.

[프롬프트 질문 카드]

에세이를 잘 쓰기 위해 우선, 에세이 쓰기란 무엇인지 명확하게 알아야합니다. 에세이의 서론, 본론, 결론 부분을 무엇을 어떠한 방법으로 구성해야 하는지 파악하세요. 그 후에, 글쓰기를 위한 꾸준한 연습이 수반되어야 합니다.

$$\left(2\right)$$

브레인스톰,
아웃라이닝으로 기초공사부터

"여러분은 영어 공부하는 것이 재미있나요? 영어나 다른 외국어를 공부해서 얻을 수 있는 장점은 무엇일까요? 우선 내가 생각하는 장점에 대해서 아이디어를 나누어 보아요."

지윤 : "다른 나라의 문화를 이해할 수 있어요. 우리와 다른 문화에 대해 더 존중할 수 있게 돼요."

율 : "외국 여행을 가서 더 즐길 수 있어요. 의사소통이 쉬워져서 직접 음식을 주문하고 현지인들과 대화를 할 수도 있어요."

주하 : "다른 나라에서 일할 수 있는 기회를 얻을 수 있어요."

해온 : "더 똑똑해질 수 있어요. 외국어를 공부하면 두뇌 발달에 도움이 된다고 하더라고요."

토론을 통해 우리는 외국어를 배우면 얻을 수 있는 장점에 관해 뒷받침해 줄 근거에 대해 생각을 정리해 보았습니다.

브레인스토밍(Brainstorming): 아이디어를 자유롭게 생각하고 제시하는 과정

브레인스토밍은 주제에 관한 나의 아이디어를 자유롭게 생각하고 제시하는 과정입니다. 글쓰기를 잘하는 학생들은 브레인스토밍 과정을 두려워하지 않습니다. 자유롭게 생각을 쓰는 것을 어려워하지 않습니다. 또한, 글쓰기를 잘하는 친구들은 마인드맵을 사용하는 데 익숙합니다. 종종 브레인스토밍을 어려워하는 친구들을 만납니다. 왜냐하면 학생들이 브레인스토밍의 경험이 부족으로 창의력을 발현할 기회가 충분히 없었기 때문입니다. 또 학생들이 자기 아이디어가 아주 좋지 않다고 생각하거나 다른 학생들에게 비교되지 않길 원하는 경우가 있습니다.

브레인스토밍은 글쓰기의 중요한 과정 중 하나입니다. 브레인스토밍을 통해 나온 아이디어는 평가와 선택을 거쳐 글쓰기에 가장 적합하게 고를 수 있습니다.

그럼 어떻게 브레인스토밍 해야 할까요?

첫째, 학생들에게는 자유롭게 아이디어를 표현할 수 있는 환경을 조성해 줘야 합니다. 모든 아이디어를 받아들여 주는 분위기를 만들어 주세요. 칠판, 포스트잇, 마인드맵 등 다양한 도구를 사용하여 아이디어를 시각화하세요. 학생들이 아이디어를 더 쉽게 생각해 낼 수 있습니다.

둘째, 브레인스토밍 과정에서는 학생들에게 압박감을 주지 마세요. 응원과 격려를 통해 자신감을 불어 넣어주세요.

아웃라이닝(Outlining): 글의 구조를 계획하는 과정

생각을 자유롭게 정리해봤으면 이제 내가 쓸 글의 큰 틀을 짜볼 차례입니다. 글쓰기를 위한 아웃라인 과정에 대해 알아보겠습니다.

아웃라인이란 무엇일까요? 아웃라인을 작성하는 것은 에세이 작성 과정에서 매우 중요한 부분입니다. 아웃라인은 에세이의 구조를 계획하며 주요 아이디어를 정리합니다. 아웃라이닝 과정 중, 초안에 작성할 내용 모두를 완성된 문장으로 적는 학생들이 있습니다. 이 단계에서는 문장을 정확하게 작문할 필요가 없습니다. 내가 쓸 글의 큰 틀을 잡는 작업이라는 것을 기억하세요.

아웃라인 작성을 위해 주제와 관련된 주요 아이디어를 선별해야 합니다. 이러한 주요 아이디어는 에세이의 각 단락의 주제 문장이 될 수 있습니다. 세부사항, 각 주요 아이디어에 대해 정리합니다. 다음은 언어를 배우는 것의 장점에 대한 아웃라인을 작성해본 것입니다.

OUTLINE

Title Benefits of Learning a Foreign Language
Topic Sentence Learning different languages is beneficial for children for various reasons.
1st Main Point It enables children to understand the world even better.
2nd Main Point It helps children make new friends.
3rd Main Point It will be helpful in the future.
Concluding Sentence Learning a foreign language is such a wonderful experience.

아이디어에 관한 브레인스토밍과 아웃라이닝을 통해 에세이의 기초공사를 탄탄히 하세요. 좋은 글쓰기를 위한 필수 작업입니다. 글이라는 집의 뼈대를 튼튼하게 세우세요.

3

에세이의 시작,
어떻게 하면 되나요?

'The first step is always the hardest.'

'처음 한 걸음이 가장 어렵다.'라는 말을 들어본 적이 있나요? 무엇이든지 처음 시작하는 일이 가장 어려운 법입니다. 빈 종이에 글쓰기를 시작하는 것이 쉬운 일이 아닙니다. 처음에는 어렵더라도 방법을 알고 훈련하면 이 과정이 익숙해질 것입니다.

이 장에서는 '외국어를 배우면 좋은 이유'에 관한 서론 부분을 쓰는 방법을 이야기해 보겠습니다. 우선, 외국어를 배우면 좋은 이유에 대한 첫 문장을 써 보겠습니다.

독자를 사로잡는 Hook 쓰는 법

Hook은 물고기를 잡기 위한 갈고리를 말합니다. 에세이의 서론 부분에서 읽는 사람의 흥미를 끄는 첫 문장을 hook이라고 합니다. hook을 쓰는 다양한 방법을 알아보고 함께 적용해 보도록 하겠습니다.

첫 번째, 흥미로운 질문을 던져보는 방법입니다. 질문을 통해 독자의 호기심을 자극합니다. 예를 들어, "지금부터 우리는 아주 흥미로운 곳으로 여행을 떠날 거예요. 그곳은 어디일까요?"라고 문장을 시작하면 읽는 사람이 궁금해지겠죠?

"From now on, we're going on a trip to a very interesting place. Where would it be?"

두 번째, idiom이나 명언을 사용해 보세요. 'Actions speak louder than words.' '백 마디 말보다 한번 행동하는 것이 중요하다.' 이렇게 속담이나 명언으로 글을 시작해 보세요. 글의 의도를 읽는 사람이 쉽게 추측할 수 있게 됩니다.

세 번째, 상상력을 자극하는 질문을 하는 것입니다. "어느 날, 아기 구름 Cloet는 바람을 따라 어느 작은 마을에 도착했어요." 이러한 문장은 그다음 어떤 내용이 전개될 것인가 궁금증을 더해줍니다.

" One day, Cloet, the baby cloud, arrived in a small town following the wind."

네 번째, 매력적인 등장인물을 소개하며 관심을 끕니다. "네이트는 우리 친구들의 사건을 해결해주는 꼬마 탐정이에요. 어느 날 그에게 한 통의 전화가 걸려왔어요."

"Nate is a little detective who solves our friends' cases. One day, he got a phone call."

다섯 번째, 주인공의 감정을 강조하면서 읽는 사람과 공감대를 형성합니다. "레아는 학교를 가는 첫날, 마음이 두근두근했어요."

"Leah's heart was pounding on the first day of school."

여섯 번째, 무언가 미스테리한 일이 일어날 것처럼 보이는 문장을 제시해 호기심을 자극하세요. "한밤중에 뭔가 이상한 소리가 들렸어요. 혹시 그 소리를 들어본 적이 있나요?"

"I heard something strange in the middle of the night. Have you ever heard it?"

이렇게 흥미를 이끌어 주는 문장을 보았습니다. 그러면 다음 문장은 어떻게 써야 할까요? 에세이의 주제문장이 들어가야 합니다. 에세이의 내용을 간략하게 요약하는 문장을 쓰세요. 독자가 에세이의 주요 내용을 미리 파악할 수 있습니다.

다음 서론 문단을 참고해 보세요. 외국어를 배우는 장점에 대한 단락입니다.

Learning a foreign language is a great experience! The knowledge of a foreign language is important, especially because our world is all connected now. Learning a new language is beneficial for children for various reasons. Now, let's find out why it's good to learn a foreign language.

외국어를 배우는 것은 멋진 경험이라고 첫 문장을 시작하였습니다. 세계화 사회에서 외국어 학습의 중요성을 언급한 후 중심 문장으로 연결하였습니다.

> 서론 구성 정리
>
> 1. Hook (도입 문장)
>
> 2. Connecting Information (정보의 연결, 주제에 대한 설명)
>
> 3. A thesis statement with points of development. (주장을 담고 있는 문장, 간결하게 쓸 것)

에세이 서론 쓰기, 특히 첫 문장 쓰기를 막막하게 느낄 수 있습니다. 물고기를 잡을 때 미끼를 던지듯 독자의 흥미를 일으킬 문장을 던져주세요. 그다음, 이 글에서 내가 하고자 하는 가장 중요한 중심 생각에 대해 분명하게 제시해주세요. 서론을 잘 써보았나요? 그럼, 이제 본론으로 넘어가 보겠습니다.

4

본론 쓰기의 핵심 :
명확한 근거 활용하기

　본론은 에세이의 핵심 내용을 담고 있는 부분입니다. 본론은 특정 주제나 아이디어를 다룹니다. 이때, 각 문단이 주제를 중심으로 서로 긴밀하게 연결되어야 주장을 논리적으로 전달할 수 있습니다. 또한 주장을 뒷받침하는 명확한 근거와 예시를 적절하게 제공해야 합니다. 그래야 읽는 사람에게 글쓴이의 주장을 잘 전달할 수 있고 공감을 얻을 수 있기 때문입니다.

　다음은 본론을 잘 쓰기 위한 구체적인 팁입니다.

　첫째, 본문에서는 핵심 주장을 제시하고 타당하고 적절한 근거 및 예시를 들어야 합니다. 자신이 하고자 하는 이야기를 구체적으로 표현해야 핵심 주장을 효과적으로 전달할 수 있습니다. 설명하는 글이나 객관적인 사실에 관한 글의 경우, 사실과 예시를 통해 근거를 뒷받침해야 합니다. 또한 유명한 사람의 명언, 통계 자료 등을 이용하여 글의 신뢰도를 높일 수 있습니다.

둘째, 문장은 간결하고 명료하게 작성해야 합니다. 너무 복잡하거나 긴 문장은 피해야 합니다. 추상적이거나 어려운 단어를 사용하여 문장을 쓴다면 읽는 사람들에게 의도가 명확하게 전달되지 않습니다. 이해하기 쉬운 언어를 사용해야 합니다.

셋째, 문장과 문장을 연결하는 연결어를 적절하게 사용해야 합니다. 연결어를 통해 문장과 단락 간의 논리적인 관계를 강조하세요. 더 자세한 내용은 이 책의 Step 3의 8장에서 설명하도록 하겠습니다.

서론에 이어 외국어를 배워야 하는 이유에 대한 본론을 써보도록 하겠습니다. 아웃라이닝 과정에서 썼던 내용을 기반으로 세 문단으로 나누어서 작성하겠습니다.

우선 첫 번째 외국어를 배우는 장점이었던 '언어를 통해 우리는 세상에 대해 더 잘 이해할 수 있다.'에 대한 문단을 작성해 보겠습니다. 이 주장에 대해 근거를 추가하여 본론 첫 문단으로 발전시켜 보도록 하겠습니다. 세부적 이유나 예시를 들어 주장을 더 강화하도록 하겠습니다.

주장 1 언어를 배우면 세상을 더 깊게 알 수 있습니다.

근거 언어를 알면 다른 나라의 문화와 역사를 더 쉽게 이해할 수 있습니다.

To begin with, learning another language helps you see the world in a deeper way. When you learn another language, you gain a better understanding of different cultures and histories. For example, if you learn French, it opens up the beautiful world of art and history in France. Picture yourself in a museum. Everything suddenly makes more sense, and you can appreciate the artwork more easily.

다음은 두 번째 단락입니다.

주장 2 외국어를 배우면 새로운 친구들을 사귈 수 있습니다.

근거 국적이 다르더라도 하나의 언어를 통해 공통점을 나누며 가까워질 수 있습니다.

Secondly, acquiring a foreign language is amazing because it allows you to talk to people from everywhere! When you can chat with folks from different countries, you make lots of new friends. Even if you're from faraway places, you can still understand each other by speaking the same language. This helps you find lots of things in common and brings everyone closer together.

세 번째 단락입니다.

주장 3 외국어를 배우는 것은 당신의 미래에 도움이 됩니다.

근거 외국어를 알면 다양한 기회를 얻을 수 있고 더 많은 경험을 할 수 있게 됩니다.

Lastly, right now, we're in the 21st century, and our world is all connected. Foreign language learning can help you in the future. So, if you learn a new language, you get to unlock tons of opportunities and experiences. You will not just be limited to working in Korea; you can work in different fields all around the world. It's like having a bright future ahead of you!

요약하면, 논리적인 본문을 쓰기 위해서는 주제에 대한 중심 문장을 간결하게 전달하는 것이 중요합니다. 그 후 예시와 주요 문장을 뒷받침해줄 근거들로 내용을 정리합니다. 글쓴이가 중심 생각에 대해 구체적으로 표현하고 제시할수록 읽는 이와 원활한 소통이 가능해집니다.

본론 구성 정리

1. Topic Sentence (주제 문장)

2. Supporting Details (뒷받침 문장 및 예시)

$$\textbf{5}$$

결론 쓰기의 핵심 :
요약하며 정리하기

"지윤아, 글은 길게 썼는데 결론이 없는데?"

"저는 결론쓰기가 제일 어렵게 느껴져요."

"결론에서는 주제와 중심 생각을 곰곰이 생각해보며 나의 메시지를 어떻게 마지막으로 전달할지 심사숙고해야 해. 마지막까지 잘 달려왔으니까 마무리를 잘해보자!"

수업시간에 학생들과 함께 결론 부분을 쓰고 서로의 글을 읽어보며 의견을 교환하는 시간을 가져보았습니다.

수빈 : "외국어를 배우면 좋은 이유는 세계를 더 잘 이해할 수 있고, 새로운 친구를 사귈 수 있으며 미래에 도움이 될 수 있다는 것이에요. 외국

어를 배우는 것은 정말 멋진 모험이고, 더 큰 세계를 탐험하는 좋은 방법이에요. 외국어를 배워보는 것을 즐겨보세요!"

친구들 의견

은규 : 마지막에 '외국어를 배워보는 것을 즐겨보세요.'라고 이야기하는 부분을 잘 썼어요.

수인 : 연결어를 사용해서 문장을 이어보면 좋을 것 같아요.

하윤 : 문장이 더 간결하면 하면 읽기 편할 것 같아요.

채린 : "외국어 학습에는 많은 장점이 있어요. 서로 다른 문화를 이해할 수 있어요. 전 세계의 새로운 친구들도 사귀고 미래에 우리에게 더 큰 기회를 줄 수 있어요. 이러한 장점을 누릴 수 있도록 언어 공부를 열심히 해봐요."

친구들 의견

은규 : 연결어를 사용하지 않았어요.

수인 : 마지막에 주제를 강조할 수 있는 문장이 하나 더 있으면 좋을 것 같아요.

주희 : 본문의 내용이 잘 요약되었어요.

결론을 잘 쓰려면 어떻게 해야 할까요? 결론은 에세이의 주요 아이디어를 간결하게 요약해야 합니다. 결론에서는 새로운 아이디어를 도입하지 않습니다. 이미 다뤄진 내용을 강조하며 마무리해야 합니다.

1. 요약 및 강조

결론 쓰기에서 가장 중요한 것은 나의 메시지를 강조하는 것입니다. 본론에 기술한 내용들을 잘 요약합니다. 중심 문장을 다시 쓰며 내용을 단단하게 마무리합니다.

2. 제안, 의견으로 마무리

에세이 주제와 대해, 글쓴이로서 자신의 의견을 강조할 수 있습니다. 또는 문제에 대한 해결책을 제안해 볼 수 있습니다.

3. 간결한 표현

문장은 간결하게 표현하세요. 내 생각을 쉽게 이야기하여 공감과 이해도를 높여야 합니다.

4. 적절한 연결어 사용하기

In conclusion, In summary, Overall 등의 연결어로 중심 생각을 요약정리하며 명확하게 전달하세요.

이와 같은 방법을 통해 결론 문단을 써보았습니다.

In summary, foreign language learning is a wonderful adventure. It enables us to better understand the world, create new friendships, and be helpful in the future. Enjoy the journey of learning a foreign language.

연결어를 쓴 후, 중심 문장을 다시 써주었습니다. 또한 본론에서 제시했던 내용들을 요약 정리 하였습니다. '외국어를 배우는 것을 즐기자!'로 제안의 메시지로 마무리하였습니다.

결론 구성 정리

1. Thesis Statement (주제문 다시 쓰기)

2. General Conclusion (글의 중심 내용을 요약하기)

3. Final Comment (해결방안, 질문, 제안 등으로 마무리하기)

결론 문단에서는 글의 주제를 잘 담고 있어야합니다. 그래서 내가 하고자 하는 말을 읽는 사람에게 마지막으로 상기 시켜줘야 합니다. 결론을 쓴 후, 서론에서 하고자 했던 말과 일맥상통하는 내용을 전달했는지

점검하세요. 시작도 중요하지만 끝이 더 중요하다는 말이 있습니다. 때로는 학생들이 본론쓰기에 힘을 쏟다가 결론 부분을 간과하고 넘어갈 때가 있습니다. 앞에 제시한 방법을 활용하여 글의 메시지를 읽는 사람에게 잘 전달하세요. 에세이를 멋지게 마무리 하게 됩니다.

지금까지 서론, 본론, 결론을 쓰는 방법을 통해 완성된 에세이를 읽어 보세요. 앞서 언급한 요소들이 적용된 부분을 고려하며 자신의 글에 적용해 보세요.

Benefits of Learning a Foreign Language

Learning a foreign language is a great experience! The knowledge of a foreign language is important, especially because our world is all connected now. Learning a new language is beneficial for children for various reasons. Now, let's find out why it's good to learn a foreign language.

To begin with, learning another language helps you see the world in a deeper way. When you learn another language, you gain a better understanding of different cultures and histories. For example, if you learn

French, it opens up the beautiful world of art and history in France. Picture yourself in a museum. Everything suddenly makes more sense, and you can appreciate the artwork more easily.

Secondly, acquiring a foreign language is amazing because it allows you to talk to people from everywhere! When you can chat with folks from different countries, you make lots of new friends. Even if you're from faraway places, you can still understand each other by speaking the same language. This helps you find lots of things in common and brings everyone closer together.

Lastly, right now, we're in the 21st century, and our world is all connected. Foreign language learning can help you in the future. So, if you learn a new language, you get to unlock tons of opportunities and experiences. You will not just be limited to working in Korea; you can work in different fields all around the world. It's like having a bright future ahead of you!

In summary, foreign language learning is a wonderful adventure. It enables us to better understand the world, create new friendships, and be helpful in the future. Enjoy the journey of learning a foreign language.

외국어를 배우는 것이 좋은 이유

외국어를 배우는 것은 매우 좋은 경험입니다! 특히, 세계는 모두 연결되어 있기 때문에 외국어를 아는 것은 중요합니다. 어린이들이 새로운 언어를 배우는 것에는 다양한 장점이 있습니다. 이제, 왜 외국어를 배우는 것이 좋은지 알아보겠습니다.

우선, 외국어를 배우는 것은 어린이들이 세상을 더 깊게 볼 수 있도록 도와줍니다. 언어를 알면 서로 다른 문화와 역사에 대해 더 잘 이해하게 됩니다. 예를 들어, 만약 여러분이 프랑스어를 배운다면, 프랑스의 아름다운 예술과 역사의 세계를 더 잘 알 수 있게 됩니다. 박물관에 간 모습을 그려보세요. 언어를 통해 예술작품을 더 쉽게 이해할 수 있습니다.

두 번째로, 외국어를 통해 세계의 여러 나라 사람과 대화할 수 있게 해줍니다. 외국 사람들과 대화하며 새로운 친구들을 사귈 수 있습니다. 국적이 다르더라도, 같은 언어를 사용하며 서로를 이해할 수 있습니다. 서로의 공통점을 찾게 해주고 더 가깝게 만들어 줍니다.

마지막으로, 우리는 21세기에 살고 있고 세계는 모두 연결되어 있습니다. 외국어를 배우는 것은 우리의 미래에 도움이 됩니다. 새로운 언어를 통해, 더 많은 기회를 얻을 수 있고 다양한 경험을 할 수 있습니다. 미래에 우리는 한국에서만 일하는 것이 아닌 전 세계의 다양한 분야에서 일할 수 있습니다. 외국어 학습은 우리에게 더 밝은 미래를 제시해 줄 수 있습니다.

요약하면, 외국어를 배우는 것은 멋진 모험입니다. 그것은 우리가 세상을 더 잘 이해하고, 새로운 우정을 쌓고, 미래에 도움이 되도록 해줍니다. 외국어를 배우는 여행을 즐기세요!

$$\text{(6)}$$

원서를 활용하여
의견을 표현하는 글쓰기

읽는 책의 난이도가 상승함에 따라 북 리포트도 더 세분화해서 쓸 수
있겠죠? 이제 좀 더 두꺼운 책도 읽게 되었고 문단도 작성할 줄 알게 되
었으니 북 리포트의 수준도 더 높여보겠습니다. 다음 단계에 따라 주어진
프레임 문장을 이용해서 좀 더 깊은 내용의 북 리포트를 작성해 보세요.

학생들과 함께 로알드 달의 『Fantastic Mr. Fox』를 읽고 (AR 지수
4.1 / Lexile 600) 토론 후 북 리뷰 작성을 해 보았습니다. 책의 줄거리를
요약 후, 이 책의 가장 좋았던 부분뿐 아니라 내가 좋지 않았던 부분에
대해 개인적인 의견을 더해보았습니다. 다음의 단계를 따라 북 리뷰 에
세이를 작성해 보세요.

1. 도입의 후크 작성하기

'Hook'은 글의 시작 부분에서 사용되는 문장 또는 구절을 의미합니다. 이 부분은 독자의 주의를 끌고 글을 계속 읽게 만들거나 흥미를 유발하기 위해 사용됩니다. 독자에게 질문을 하며 흥미를 끌어내는 것은 굉장히 좋은 방법입니다. 읽은 책에 대해 다음과 같은 질문을 던져보세요.

If you could _____?

What would you do if _____?

Which do you prefer : ____ or ____?

2. 다음으로는 중심 문장을 작성해야 합니다. 우리가 쓰고 있는 것은 북 리포트이기 때문에 책의 제목, 작가, 장르와 같은 기본적인 정보를 언급해 줘야 합니다.

I read _____ by _____. It is a children's book about a ____ who _____.

3. 다음으로 스토리에 대해 요약, 정리해 보겠습니다. 요약은 책의 처음, 중간, 끝부분으로 나누어서 해야 논리적으로 구성됩니다. 다음의 연결어를 사용해서 책의 내용을 정리해 보세요.

In the beginning of the story, _____.

In the middle of the story, _____.

At the end of the story, _____.

4. 책에 대한 나의 의견을 제시해 주세요. 나의 의견은 내가 가장 좋다고 느낀 등장인물이나 마음에 들었던 부분에 대해 언급할 수 있습니다. 언제나 책의 좋았던 부분만 언급할 필요는 없습니다. 좋지 않았던 부분에 대해서도 나의 의견을 써보세요.

My favorite character in the story was _____.

I liked _____ because _____.

My favorite part of the story was _____.

I liked this part because _____.

My least favorite character in the story was _____.

I did not like _____ because _____.

My least favorite part of the story was _____.

I did not like this part because ____.

5. 결론 부분에서는, 이 책에 대해 평가하거나 추천 여부로 내 의견을 다시 한 번 표현할 수 있습니다.

In conclusion, I'd give _____ # out of 5 stars.

I would give it # stars because _____.

I recommend this book to _____ because _____.

I do not recommend this book to _____ because _____.

다음의 북 리포트를 참고해서, 앞에 제시한 프레임 문장들이 어떻게 적용되었는지 살펴보세요. 같은 방법으로 북 리포트 쓰기를 연습해 봅니다.

Book Review Sample

Title Fantastic Mr. Fox Book Review

Hook If you could live underground forever, would you do it?

I read "Fantastic Mr. Fox" by Roald Dahl. It is a children's book about a family of foxes who narrowly escape death from three vengeful farmers.

Supporting 1

In the beginning of the story, Boggis, Bunce, and Bean are introduced to the reader. Boggis is a chicken farmer, Bunce is a duck-and-goose farmer, and Bean is an apple-and-turkey farmer. They are very mean and nasty.

The story also introduces Mr. Fox and his fox family to the reader. Mr. Fox is a clever fox who goes to the farmers' farms to steal their crops and animals to feed his family. The farmers hate Mr. Fox, so they decide to get rid of him and his family. In the middle of the story, the farmers are unable to execute their plan, and the foxes hide underground from the farmers. The farmers try to dig the foxes out, but the foxes manage to escape every time. Mr. Fox has an idea to steal food from the farmers by traveling underground to their farms. Along the way, they are joined by Badger, who helps them in their quest. They successfully steal lots of food from the farms. At the end of the story, Mr. Fox and the other animals underground have a huge feast with the food from the farmers' farms. They all decide to live underground forever. Meanwhile, the farmers wait outside the hole for Mr. Fox to come out, but he never does. That's the story of "Fantastic Mr. Fox."

(Supporting 2)

My favorite character in the story was Mr. Fox. I liked him because he was very clever and always outsmarted the farmers. My favorite part of the story was the feast. I liked that part because the animals were finally able to eat. I did not like the farmers. I did not like them because they were mean and nasty to Mr. Fox. My least favorite part of the story was when the farmers shot off Mr. Fox's tail. I did not like that part because Mr. Fox got hurt and was sad about losing his tail.

In conclusion, I give "Fantastic Mr. Fox" 5 out of 5 stars. I rate it 5 stars because the story was exciting. I highly recommend this book to children because it taught me the importance of family—how they work together, survive together, and ultimately become better and stronger as a unit.

판타스틱 미스터 폭스 북 리뷰

당신은 지하에서 영원히 살 수 있나요?
로알드 달의 판타스틱 미스터 폭스는 복수심에 불타는 세 농부로부터 탈출하는 여우 가족에 관한 이야기입니다.

Supporting 1: 이야기의 시작 부분에서는, 보기스, 번스 그리고 빈이 등장합니다. 보기스는 닭 농장주입니다. 번스는 오리와 거위 농장주입니다. 빈은 사과와 칠면조 농장주입니다. 그들은 매우 못되고 심술궂습니다. 또한 미스터 폭스와 그의 여우 가족들도 등장합니다. 미스터 폭스는 가족들을 주기 위해 농작물과 동물을 훔치러 농부들의 농장에 갑니다. 농부들은 미스터 폭스와 그의 가족을 제거하기로 결심합니다.

이야기의 중간 부분에서, 농부들은 미스터 폭스와 그의 가족을 없애지 못합니다. 여우들은 농부들을 피해 지하에 숨습니다. 농부들은 여우를 찾으려 하지만, 여우들은 매번 탈출에 성공합니다. 미스터 폭스는 지하에서 농부들로부터 음식을 훔치려고 생각하고 있습니다. 그러는 동안, 그들은 오소리와 함께하게 됩니다. 그들은 성공적으로 농장에서 많은 음식을 훔칩니다.

결말 부분에서는, 미스터 폭스와 다른 동물들은 농부들의 농장에서 가져온 음식으로 거대한 축제를 엽니다. 그들은 모두 영원히 지하에서 살기로 결심합니다. 한편, 농부들은 구멍 밖에서 미스터 폭스가 나오기를 기다리지만, 그들은 절대 그러고 싶은 생각이 없는 모습으로 이야기가 끝납니다.

Supporting 2: 이야기에서 제가 가장 좋아하는 캐릭터는 미스터 폭스였습니다. 그는 매우 영리하고 항상 농부들을 이기기 때문입니다. 이야기에서 제가 가장 좋아하는 부분은 그들이 잔치를 여는 부분이었습니다. 저는 그 부분이 마음에 들었습니다. 왜냐하면 동물들이 마침내 음식을 먹을 수 있었기 때문입니다. 저는 농부들이 마음에 들지 않았습니다. 왜냐하면 그들은 미스터 폭스를 사악하게 대했기 때문입니다. 제가 가장 싫어하는 부분은 농부들이 미스터 폭스의 꼬리를 겨냥한 부분이었습니다. 저는 미스터 폭스가 다치고 꼬리를 잃은 것에 대해 슬퍼했기 때문입니다.

결론: 저는 Fantastic Mr. Fox를 별 5개 중 5개를 주고 싶습니다. 스토리가 흥미롭게 전개되고 재미있기 때문입니다. 또한 미스터 폭스 가족을 통해 가족의 소중함을 배울 수 있었습니다. 그들은 함께 일하고, 함께 생존하고 더 강해졌습니다.

7

나의 글로 다른 사람을 설득해 보기

"다른 사람을 잘 설득하려면 어떻게 해야 할까요?"

"내가 왜 그렇게 생각하는지 잘 설명해 줘야 해요."

"좋은 의견이야. 그럼 내가 왜 그렇게 생각하는지 구체적으로 설명해 줘야겠지."

"네, 그런데 구체적으로 설명을 하기가 어려워요."

"그럴 때는 너의 이야기를 읽는 사람에 대해 생각해 봐야 해. 그리고 그 사람이 이해할 수 있을 법한 너의 경험을 통해 설득해 볼 수 있어. 설문 조사 결과나 유명한 사람의 명언, 속담을 함께 써보면 도움이 될 거야."

설득하는 글을 쓰는 것은 주장하는 글을 쓰는 것과 다릅니다. 자신의 입장을 제시하는 것에서 더 나아가 읽는 이에게 그 입장을 관철시켜야 합니다. 다른 사람에게 자신의 생각을 잘 제시하고 설득하기 위해서는 어떻게 해야 할까요? 다음과 같이 특정 주제에 관해 글쓰기 연습을 해보겠습니다.

Topic: Should Children Be Allowed to Own Pet?

Position: I strongly believe that _____.

먼저, 특정 주제에 대해 글을 잘 쓰기 위해서는 우선 자신의 의견을 정하고 강조해야 합니다. I strongly believe 와 같은 표현을 활용하여 내 주장에 힘을 실을 수 있습니다. 궁극적으로는 상대를 효과적으로 설득할 수 있습니다. 주제에 대한 자신의 주장을 분명하게 표현한 후, 주장에 대한 이유를 작성해야 합니다. 주제에 대한 타당한 이유를 생각해 보겠습니다.

에세이 작성 단계

1. 토론을 통해 주제에 대한 브레인스토밍을 해보고 그것을 기록합니다. 관련 주제에 관한 읽기 활동이 있으면 더욱 좋습니다.

유주: 책임감을 기를 수 있어요.

도하: 우리에게 좋은 친구가 될 수 있고 애완동물과 함께라면 외롭지 않아요.

혜인: 우리는 애완동물과 함께 더 건강해질 수 있어요.

시은: 애완동물을 기르는 데는 시간과 비용이 많이 들어요.

하린: 때로는 애완동물이 위험할 수도 있어요.

2. 아웃라인을 작성합니다.

OUTLINE

Title Should children be allowed to own a pet?
Topic Sentence Allowing children to own a pet can have positive effects on their lives.
1st Main Point Pets can be good companions.
2nd Main Point Owning a pet teaches children valuable responsibilities.
3rd Main Point Raising pets comes with costs,
Concluding Sentence Owing a pet is a rewarding experience for children.

3. 아웃라인을 기반으로 초안을 작성합니다.

Title : Should Children Be Allowed to Own Pets?

서론

Have you ever had a pet? There is a lot of debate about whether children should be allowed to own pets. I think there are both good and bad aspects to having them. However, I strongly believe the good outweighs the bad.

여러분은 애완동물을 키워본 적이 있나요? 어린이들이 애완동물을 기르는 것이 허용되어야 하는지에 관한 다양한 의견이 있습니다. 저는 애완동물을 기르는 것에는 장단점이 있다고 생각합니다. 하지만 저는 장점이 더 많다고 생각합니다.

본론

서론에서 제시한 자신의 의견에 근거를 제시하여 본문 단락을 써보겠습니다.

주장 1) 애완동물은 우리의 좋은 친구가 되어줍니다.

근거) 애완동물과 어린이들은 함께하며 어린이들이 외로움을 느끼지 않
게 해줍니다.

To start, one advantage of owning pets is that they make wonderful
companions. Pets eagerly welcome children home from school every day
and are always ready to play. Consequently, children are less likely to feel
isolated. Additionally, as pets require interaction, they also help in keeping
kids active.

우선, 애완동물은 우리에게 멋진 친구가 될 수 있다는 장점이 있습니다. 애완동물은
학교에서 아이들이 집에 돌아오면 반갑게 맞이해 줍니다. 애완동물들은 아이들을 좋
아하고 항상 함께할 준비가 되어 있습니다. 결과적으로, 아이들은 고립감을 덜 느낍
니다. 게다가, 애완동물들과 상호작용이 필요하기 때문에, 아이들을 더 활동적으로
만들어 줍니다.

주장 2) 애완동물을 기르며 어린이들은 책임감을 기를 수 있습니다.

근거) 애완동물을 기르면 애완동물을 위해 반드시 책임을 져야 하는 부
분이 있습니다.

Second, having a pet encourages children to learn new responsibilities. There are important tasks to keep pets healthy. For example, children need to feed them good food and wash them regularly. Also, to raise a pet, we should study about the pet because it is crucial to pay attention to their needs.

두 번째로, 애완동물을 기르는 것은 아이들에게 책임감을 길러줍니다. 애완동물을 건강하게 키우기 위해 해야 할 일들이 있습니다. 예를 들면, 좋은 음식을 먹이고 규칙적으로 씻겨 주는 것입니다. 또한 애완동물이 무엇을 필요로 하는지 알아야 합니다. 그래서 우리는 애완동물에 관해 공부해야 합니다.

주장에 대한 반대의견

반대의견을 제시하는 것은, 이를 통해 나의 의견이 타당하다는 것을 다시 한 번 증명해 주기 위함입니다.

(반론) 어린이들이 애완동물을 기르기에는 시간과 비용이 너무 많이 듭니다.

(근거) 애완동물을 기르는 데는 큰 비용이 들어갑니다.

On the other hand, taking care of pets needs a lot of money. Buying food and making sure they are healthy can cost a lot. For example, if your pets get sick or need shots, it can be really expensive. This might be hard for kids because they might not have enough money for these things. Therefore, it is important to think about the costs too.

반면에, 애완동물을 돌보는 데는 큰 비용이 듭니다. 애완동물에게 먹일 음식을 사야 하고, 건강도 신경 써야 됩니다. 예를 들어, 애완동물이 아프거나 접종 필요해서 내는 비용은 어린이들에게 매우 비쌀 수 있습니다. 아이들이 이런 비용을 부담하기는 어렵습니다. 그러므로 우리는 비용에 대해서도 생각해 봐야 합니다.

결론

– 애완동물을 기르는 것이 더 장점이 있다고 생각합니다.

In conclusion, there are many arguments for and against pet ownership. Pets help keep children company, keep them fit, and also help them learn new responsibilities. Overall, I believe having a pet is a rewarding experience that brings joy.

결론적으로, 애완동물을 소유하는 것에 대한 찬성과 반대의 많은 주장들이 있습니다. 애완동물은 아이들과 함께하며 건강하게 지낼 수 있도록 도와줍니다. 또한 아이들이 책임감을 기를 수 있도록 도와줍니다. 결론적으로, 저는 애완동물을 갖는 것이 기쁨을 주는 보람 있는 경험이라고 생각합니다.

마무리하는 결론 문장은 어떻게 써야 할까요? 결론 부분에서는 이 글의 주제와 중심 생각을 다시 한 번 강조해 주어야 합니다. 또한 본론에서 제시한 이유들을 요약 및 정리해야 합니다. 본론의 내용을 깔끔하게 정리하며 읽는 사람에게 중요한 메시지를 전달하세요. 본론에서 언급하지 않았던 새로운 사실 및 의견을 제시하거나 자신의 주장과 반대되는 말을 넣어서 글의 일관성을 떨어트리는 것을 지양해야 합니다. 연결어를 사용하여 결론 단락을 이어줍니다. 나의 중심생각을 정리한 후 앞서 제시한 내용들을 간결하게 요약하세요.

작문 실력만으로 논리적인 구성의 글을 쓰는 것은 어렵습니다. 먼저, 자신의 입장을 생각해보고 의견을 제시하는 것에 익숙해져야 합니다. 자신의 의견에 타당한 논거를 논리적으로 제시하며 주장에 힘을 실어 주는 연습을 해나가야 합니다. 글을 읽는 사람을 설득하고 공감을 얻기 위해서, 전략적인 글쓰기를 해야 합니다. 자신의 주장을 통해 독자의 생각이나 행동을 변화시킬 수 있는 설득력 있는 에세이를 완성하세요.

8

고퀄리티 에세이의 비밀, 연결어 활용법

연결어는 에세이를 논리적이고 읽기 쉽게 만드는 아주 중요한 구성 요소입니다. 연결어를 적절하게 사용하면 독자는 글의 내용을 더 잘 이해할 수 있게 됩니다. 또한 글쓴이의 의도를 명확하게 파악할 수 있을 것입니다.

에세이에서의 연결어의 역할

1. 글의 흐름을 제시

에세이에서 연결어는 글을 읽는 독자에게 흐름에 따라 글을 읽을 수 있도록 도와줍니다. 연결어는 글의 구조를 더 자연스럽게 해줍니다. 독자가 내용을 더 쉽게 이해할 수 있습니다.

2. 논리성 향상

각 문단과 문단을 논리적으로 이어줍니다. 갑자기 새로운 이야기를 한다면 흐름이 어색해질 수밖에 없습니다. 연결어를 사용함으로써, 이야기를 자연스럽게 이어 나갈 수 있게 해줍니다.

3. 가독성 향상

연결어는 독자에게 가독성을 높여줍니다. 예를 들어, "또한", "이처럼", "결론적으로", "첫 번째로" 같은 연결어의 사용은 독자가 글을 읽을 때 내용을 함께 따라가기 쉽게 만들어줍니다. 또한 강조되는 부분은 더 꼼꼼하게 읽어볼 수 있습니다.

4. 중심 생각 강조

연결어의 사용으로, 글쓴이의 의견이나 주장을 더 강조할 수 있습니다. '결국', '그 결과', '이러한 이유로'와 같은 표현을 사용해 보세요. 나의 의도를 분명하게 전달할 수 있습니다.

– 상황에 따른 연결어 사용 가이드

다음은 실질적으로 활용할 수 있는 에세이 연결어입니다. 사용 목적에 맞게 글쓰기에 활용하여 나의 글에 논리성을 더해주세요.

1) 내용의 시작

서론부분이나 첫 번째 정보를 줄 때 사용합니다.

to start	처음에는
to begin with	우선, 먼저
firstly,	첫째로
initially	처음에
in the first place	우선
first	우선, 맨 먼저

2) 시간의 흐름

시간의 순서에 따른 원인과 결과, 사건의 변화를 나타낼 때 씁니다.

eventually	마침내, 결국
meanwhile	그러는 동안에
subsequent to	다음에, 뒤에
prior to	~에 앞서, 먼저
afterward	후에, 나중에
at the same time	동시에, 함께
for now	우선은, 현재로는
next	그다음에, 이어서

3) 내용을 요약하고 정리

결론 부분에서 주장을 강조하기 위해 사용합니다.

in summary	요약하면, 요컨대
therefore	그러므로
as a result	결과적으로
in conclusion	결론적으로, 마지막으로
to conclude	결론적으로 말하면
overall	종합적으로
last	마지막으로
finally	최종적으로, 마지막으로

4) 비교와 대조

'비록', '그러나', '반대로'와 같은 연결어를 사용하여 서로 다른 아이디어를 비교하고 대조할 수 있습니다.

in contrast	대조적으로, 반대로
on the other hand	다른 한편으로는, 반면에
on the one hand	한편으로는
likewise	비슷하게
however	하지만, 그러나
although	비록 ~일지라도
on the contrary	그와는 반대로

despite	~에도 불구하고
in spite of	~에도 불구하고

5) 강조

'특히', '또한', '실제로'와 같은 연결어를 사용하여 중요한 포인트를 강조합니다. 또한 추가 정보를 제공할 수 있습니다.

certainly	틀림없이, 분명히
in fact	사실은
of course	물론
absolutely	전적으로, 틀림없이
surely	의심의 여지없이, 틀림없이

6) 원인과 결과

원인과 결과의 인과관계를 나타낼 때 쓰입니다.

as a result	결과적으로
because	~때문에
for this reason	이유 때문에
otherwise	그렇지 않으면
due to	~때문에
thus	따라서, 그러므로

7) 예시

주장에 대한 구체적인 예시를 들어줄 때 쓰입니다.

for example	예를 들어
for instance	예를 들어
in other words	다시 말해서
also	또한, 게다가

8) 의견제시

의견을 정리하여 언급할 때 사용합니다.

in my opinion	내 생각에는, 내 의견으로는
I consider	나는 생각한다
I believe	나는 믿는다
I prefer	나는 선호한다
My favorite~	내가 가장 좋아하는~
from my point of view	나의 견해에는, 내가 보기에는

9) 추가 정보제공

본론 부분에서 내용을 강화하기 위해 사용합니다.

in addition	~에 더하여, ~일 뿐 아니라
besides	뿐만 아니라
furthermore	'뿐만 아니라, 더욱이
moreover	게다가, 더욱이
similarly	유사하게, 마찬가지로

다음 예시 단락을 참고해 보세요. 연결어의 사용이 앞에 제시한 장점을 어떻게 반영하고 있는지 살펴보세요.

We Must Save the Earth!

The earth is in danger, and we have to save it! What should we do to save the earth?

First of all, we should recycle cans and bottles. It's important to recycle and reuse materials. Secondly, we should also save energy and water. We should only use what we need. There are also some things we should not do. For example, we should not cut down trees. This hurts wildlife and impacts our air. Additionally, we should not use plastic bags or too many chemicals. These things end up in the ocean which is bad for sea life.

The earth is our home. Let's keep it clean and healthy!

우리는 지구를 구해야만 합니다!

지구가 위험에 처해 있고, 우리는 지구를 구해야만 합니다! 지구를 구하기 위해서 우리는 무엇을 해야 할까요?

첫 번째로, 우리는 캔과 병을 재활용해야 합니다. 재료를 재활용하고 재사용하는 것은 중요합니다. 다음으로, 우리는 또한 에너지와 물을 절약해야 합니다. 우리는 우리가 필요한 것만 사용해야 합니다. 또한 우리가 하지 말아야 할것들도 있습니다. 예를 들어, 우리는 나무를 베지 말아야 합니다. 이것은 야생동물을 다치게 하고 우리의 공기에 영향을 미칩니다. 게다가, 우리는 비닐봉지나너무 많은 화학물질을 사용해서는 안 됩니다. 이런 것들은 결국 바다로 가게 되고, 이것들은 바다 생물에 나쁩니다.

지구는 우리의 집입니다. 지구를 깨끗하고 건강하게 유지합시다!

연결어는 글쓰기에서 중요한 요소입니다. 글의 명확성과 일관성을 높이고 독자를 끌어들이는 데 도움을 줍니다. 따라서 적절하고 효과적인 연결어의 사용은 좋은 글을 작성하는 데 필수적입니다. 의도적으로 연결어를 선별하여 사용하여 에세이의 수준을 높이세요.

9

중학교 서술형 수행평가까지 완벽 대비

중학생이 되기 전 영어 글쓰기를 위해 무엇을 준비하면 좋을까요?

중학교에서 지필평가만 잘 본다고 좋은 성적을 받을 수가 없습니다. 수행평가도 40~60%의 비율로 반영되기 때문입니다. 특히 글쓰기 영역은 단기간에 성취도를 향상하기 어렵습니다. 그래서 미리 준비해 놓는다면 학습 시간 절약 및 내신 관리에 큰 힘이 될 것입니다. 글쓰기 영역은 문법을 정확하게 아는 것 이상으로 이를 응용하고 적용해야 해야 합니다. 많은 학부모님과 학생들이 글쓰기에 대해 많은 걱정을 합니다. 영어 글쓰기 수행평가와 채점 기준 및 준비할 점에 대해 알아보겠습니다.

다음의 중학교 영어 글쓰기 수행평가 예시를 살펴보세요.

1. 가정법에 대해 배운 후,

'내가 초능력을 가지게 된다면'을 주제로 글을 써보기

1) 주제에 대한 이유를 2가지를 제시할 것

2) 가정법 과거를 사용하여 문장을 만들 것

3) 중심문장을 명백히 제시할 것

4) 10줄 이상으로 작성할 것

다음은 주제1에 관한 예시 답변입니다.

If I Could Have a Superpower...

If I could have any superpower, it would be the power to fly. With this power, I could travel anywhere in the world. I would not have to pay for a plane ticket. I especially want to visit many countries in Europe.

Furthermore, If I had a superpower I could use this power to visit space. I love the stars, so I would fly to space to see them up close. This will be an amazing experience.

Additionally, I wish I could help people who are late. I would take them anywhere they wanted to go. They would not have to worry about traffic anymore. I could lend my wings to those who find themselves running so late.

For all these reasons, I would choose the power to fly.

초능력이 있다면

만약 내가 초능력을 가질 수 있다면, 그것은 하늘을 나는 힘일 것입니다. 이 힘이 있다면, 나는 세계 어디든 여행할 수 있을 것입니다. 나는 비행기 표 값을 지불하지 않아도 될 것입니다. 나는 특히 유럽의 많은 나라들을 방문하고 싶습니다.

무엇보다도, 만약 제게 초능력이 있다면, 저는 이 힘을 사용하여 우주를 방문할 수 있을 것입니다. 저는 별을 너무 좋아하기 때문에, 별을 가까이에서 보기 위해 우주로 날아갈 것입니다. 이것은 놀라운 경험이 될 것입니다.

게다가, 저는 지각하는 사람들을 돕고 싶습니다. 저는 그들이 원하는 곳으로 그들을 데려가주고 싶습니다. 그들은 더 이상 교통에 대해 걱정할 필요가 없어질 것입니다! 저는 그렇게 늦게 달리는 것을 발견한 사람들에게 제 날개를 빌려줄 수도 있습니다.

이 모든 이유로, 저는 날 수 있는 힘을 선택할 것입니다.

─ 가정법과거 문법 포인트

가정법 과거는 배운 내용을 통해 가정법과거가 현재사실에 반대되는 내용을 말할 때 쓰입니다.

1) If I Had ~ 의 문법 형태 패턴을 활용하여 작문하여야 합니다.

If + 주어 + 과거동사, 주어 + would / could / might +동사원형

- If I could have any superpower, it would be the power to fly.

- If I had a superpower I could use this power to visit space.

2) I wish +주어 +과거동사

I wish + 주어 + would / could / might + 동사원형

- I wish I could help people who are late.

2. 유럽에 대한 지문을 배우고 가보고 싶은 나라에 대해 조사해서 써보기

1) 주제에 대해 언급할 것

2) 그 나라를 가고 싶은 이유에 대해 언급할 것

3) to 부정사의 형용사적 용법을 활용하여 작문한 문장이 있을 것

4) to 부정사의 부사적 용법을 활용하여 작문한 문장이 있을 것

5) 10줄 이상으로 쓸 것

다음은 주제1에 관한 예시 답변입니다.

The Best Country I Would Like to Visit

Have you ever been to Austria? Austria is located in the heart of Europe. Vienna is the capital city. German is the official language of Austria. I would love to visit Austria with my family for many reasons. There are a lot of interesting places to visit. Firstly, Austria is famous for its art and music. It makes me want to attend a live music concert. It would be an incredible experience. Next, I want to visit Vienna to see a famous palace. It is called "Belvedere". The pictures I've seen are so amazing, I want to see it in person. Lastly, I cannot wait to try Vienna's most popular food, Schnitzel. It looks so delicious. These are the reasons why I am eager to visit Austria more than any other place in Europe.

내가 가장 가고 싶은 나라

여러분은 오스트리아에 가본 적이 있나요? 오스트리아는 유럽의 중심에 위치하고 있습니다. 비엔나는 오스트리아의 수도입니다. 독일어는 오스트리아의 공용어입니다. 저는 여러 가지 이유로 가족과 함께 오스트리아를 방문하고 싶습니다. 방문할 흥미로운 장소들이 많이 있습니다. 첫 번째로, 오스트리아는 예술과 음악으로 유명합니다. 저는 라이브 음악 콘서트에 참석하고 싶습니다. 그것은 굉장히 좋은 경험이 될 것입니다. 다음으로, 저는 유명한 궁전을 보기 위해 비엔나를 방문하고 싶습니다. 이것은 '벨베도르'라고 불립니다. 제가 본 사진들은 매우 놀랍기 때문에, 그것을 직접 보고 싶습니다. 마지막으로, 저는 비엔나의 가장 유명한 음식인 슈니첼을 빨리 먹어 보고 싶습니다. 그것은 매우 맛있어 보입니다. 이것들이 제가 유럽의 그 어떤 곳보다 오스트리아를 방문하고 싶어 하는 이유입니다.

– to 부정사의 용법 문법 포인트

1) to 부정사의 형용사적 용법은 명사에 대한 설명을 추가할 때 쓰입니다.
- There are a lot of interesting places to visit.
2) to 부정사의 부사적 용법은 원인에 대한 추가 설명을 할 때 쓰입니다.
- I want to visit Vienna to see a famous palace.

문법적 지식을 활용하여 주제와 관련된 작문하기 위해서 꾸준한 노력과 연습이 필요합니다. 수행평가 글쓰기에서 좋은 결과를 얻으려면 무엇이 필요할까요?

첫째, 문제가 요구하는 사항을 꼼꼼하게 살펴봐야 합니다. 제안 사항이 모두 적용되어야 합니다. 글의 분량은 꼭 정해진 요구 사항을 따라야 합니다. 또한 글의 종류에 맞게 적절한 형식을 준수하여야 합니다. 주제에 맞는 내용을 제안 사항에 모두 맞게 작성해야 감점되지 않습니다.

둘째, 문법적으로 오류가 없는 문장을 구성해야 합니다. 문법적 지식을 올바르게 아는 것은 기본입니다. 글쓰기 수행 평가를 위해서 문법적 지식을 적용하며 활용할 줄 알아야 합니다.

셋째, 내용의 완성도입니다. 주제에 대한 자신의 의견을 체계적으로 기술해야 합니다. 이 책의 많은 부분에서 강조했듯, 주제와 중심 생각으로 글을 쓰는 연습은 수행 평가 글쓰기에서의 논리성과 완성도를 높여줄 것입니다.

넷째, 어휘를 올바르게 쓰고 다양한 어휘를 문맥상 적절하게 사용하는 것이 중요합니다. 프로세스 글쓰기 과정을 통해 자신이 쓴 글을 수정하는 과정을 훈련하였습니다. 철자, 기본 구두법, 어휘의 활용 및 문맥의 논리성을 검토하는 편집(editing) 과정이 잘 훈련되었다면 내가 쓴 문단에 대한 검토 또한 능숙하게 가능할 것입니다.

초등 단계별 글쓰기를 통해 탄탄하게 쓰기 과정을 익힌 친구들은 어떠한 서술형 글쓰기에도 자신 있게 대비할 수 있게 됩니다. 꾸준한 글쓰기 연습은 차별화된 실력의 차이를 키워줍니다.

10

고급 셀프 피드백 체크리스트

고급 레벨의 오류검사 방법

"훌륭한 글쓰기는 훌륭한 퇴고에서 비롯된다."

윌리엄 포크너(William Faulkner, 1892~1962)의 말입니다. 그는 세계 문학사의 거인 중 한 명으로 평가받는 작가입니다. 그의 책은 인류 역사상 가장 위대한 책 100권에 선정되기도 하였습니다. 세계적 거장도 퇴고의 중요성을 강조하고 있습니다. 글은 읽는 사람과 글쓴이와의 의사소통입니다. 아이디어를 꺼내는 것도 중요합니다. 하지만 이 아이디어들을 잘 다듬어서 좋은 표현으로 가다듬는 노력이 더 중요합니다. 글쓰기 작업이 끝나면 내가 하고자 하는 의견을 잘 전달하기 위해, 퇴고의 과정이 꼭 필요합니다. 다 쓴 글을 다시 읽어보며 의미가 잘 전달되고 있는지 파악해야 합니다. 이번 장에서는 에세이를 잘 쓰기 위한 자연스러운 표현과 흐름, 그리고 연결에 관해 설명해 보도록 하겠습니다.

1. 어휘의 사용

함께 사용했을 때 자연스러운 영어 표현을 익히고 사용하세요.

학생들의 글쓰기를 첨삭하다 보면 'I listen the class.'와 같은 표현을 볼 때가 있습니다. 이 문장은 영어 문장을 한글을 그대로 옮겼을 때 나올 수 있는 표현입니다. 영어로는 어색한 표현입니다. 자연스러운 표현을 위해 영어 어휘에서 서로 잘 어울리는 표현들의 결합(collocation)에 대해 알아보겠습니다.

단어 결합(Word collocation)이란 것이 무엇일까요? 어떤 언어 내에서 특정한 뜻을 나타낼 때 함께 쓰이는 단어의 결합을 말합니다. 이러한 결합은, 같은 어휘라 하더라도 어떠한 단어와 함께 쓰이느냐에 따라 의미가 달라집니다. 그럼, 예를 들어 make와 자연스럽게 이어지는 명사들을 통해 그 의미를 살펴보겠습니다.

make a decision	결정을 하다
make an excuse	핑계를 대다
make an offer	제안을 하다
make an assumption	추측을 하다
make a phone call	전화를 하다
make an apology	사과를 하다
make a mess	어지럽히다
make progress	발전을 하다
make a change	변화를 주다

make라는 동사와 서로 다른 명사들이 결합하여 새로운 의미를 가지게 됩니다.

이러한 표현을 의도적으로 다양하게 사용하면 우리는 좀 더 자연스럽고 매끄럽게 의미를 전달할 수 있습니다.

2. Step 3에서는 글이 전체적으로 주제 및 중심 생각을 잘 나타내고 있는지 확인합니다.

다음의 질문을 스스로 해보고 답해보세요.

1) 추가해야 할 부분이 있을까요?

- 중심 문장을 논리적으로 설명하기 위해 추가할 부분이 있는지 살펴보세요.

2) 연결어를 통해 글의 흐름을 더 자연스럽게 할 수 있나요?

- 문단과 문단 및 내 생각에 대한 연결이 유기적으로 잘되는지 살펴보세요. 연결어를 문맥에 잘 맞게 사용하였는지 검토해 보세요. 문단을 하나씩 검토하세요. 큰 그림을 그리며 이 문단들이 자연스럽게 연결되는지 확인합니다.

3) 더 구체적으로 표현을 할 부분이 있을까요?

- 예시나 표현을 추가해 전달력을 높일 수 있는지 살펴보세요.

4) 제거할 만한 불필요한 문장이 있을까요?

- 문단을 꼼꼼하게 읽어보며 문단속의 문장들이 중심 생각을 잘 반영하고 있는지 살펴봅니다. 중심 생각과 벗어난 내용이 있는지 살펴보며 불필요한 문장을 삭제합니다.

5) 대체할 수 있는 언어가 있을까요? 특히 반복되는 단어가 있으면 대체해 주세요.

■ 학생들이 많이 하는 실수 중 하나는 단어를 반복해서 사용하는 것입니다. 어휘의 반복을 피하고 다양한 동의어로 대체만 해도 글의 수준이 높아집니다.

3. 루브릭 평가 기준표로 셀프 체크 업

Rubric(루브릭)은 평가를 위해 사용되는 일종의 가이드 또는 평가 척도입니다. 학생들은 마지막으로 자신이 쓴 글을 점검하게 해야 합니다. 다음과 같은 항목을 넣어서 학생 스스로 평가해 볼 수 있는 기회를 주세요. 1, 2, 3, 4, 5점의 항목에 맞추어, 스스로 글에 대해 판단해 보면 됩니다.

다음의 질문을 스스로 던져보세요.

■ 제목이 형식에 맞게 잘 쓰여 있나요?

■ 문법, 맞춤법, 구두법 등을 정확하게 사용했나요?

■ 서론. 본론, 결론의 형식이 잘 갖추어져 있나요?

■ 주제에 관한 중심생각이 잘 드러나 있나요?

■ 나의 의견에 대한 근거가 타당한가요?

■ 다른 사람이 읽었을 때 내용이 흥미롭고 이해가 잘될까요?

	1	2	3	4	5
제목이 형식에 맞게 잘 쓰여 있다.					
문법, 맞춤법, 구두법 등을 정확하게 사용했다.					
서론. 본론, 결론의 형식이 잘 갖추어져 있다.					
주제에 관한 중심생각이 잘 드러나 있다.					
나의 의견에 대한 근거가 타당하다.					
다른 사람이 읽었을 때 내용이 흥미롭고 이해가 잘 된다.					

루브릭은 학생들의 글쓰기 능력을 평가하는 좋은 도구로 사용될 수 있습니다. 항목마다 점수 척도를 부여하여 학생들의 성과를 측정합니다. 루브릭 사용을 통해 학생들은 자신의 강점과 발전해야 할 부분의 파악이 가능합니다.

편집 과정은 더 나은 글을 쓰기 위해 필수적으로 해야 하는 훈련입니다. 틀린 부분을 선생님이 다 고쳐줄 거라는 생각은 더 이상 하지 마세요. 내용과 구조를 스스로 검토해 봅니다. 또한 루브릭을 활용하여 항목에 따라 자신의 글에 대한 점수를 스스로 매겨봅니다. 내가 이미 다 쓴 글을 처음부터 끝까지 다시 읽어보는 과정을 거친 글과 그렇지 않은 글의 완성도는 차이가 날 수밖에 없습니다.

내가 쓴 글을 제삼자가 되어 전체적으로 큰 그림을 그려보아야 합니다. 좋은 글쓰기를 위한 마지막 노력을 더 해 글의 수준을 한 단계 더 높일 수 있습니다.

부록

직접 쓰는 초등 영어

글쓰기 워크시트

부록 01 – 문장쓰기 연습을 위한 북 리포트

* 책에서 가장 마음에 드는 부분을 골라 쓰고 그려보세요.

NAME:_____ DATE:_____

BOOK REPORT

BOOK: _____

AUTHOR: _____

START DATE:_____ END DATE:_____

I GIVE THIS BOOK: ☆☆☆☆☆

MY FAVORITE PART WAS:

_____

_____

_____

_____

부록 02 – 등장인물 분석

* 등장인물의 외모, 성격, 스토리 속에서 한 행동에 대해 간략히 써보세요.

NAME:_____ DATE:_____

CHARACTER PROFILE

APPERANCE:

_____

_____

_____

_____

PERSONALITY:

_____

_____

_____

WHAT DO CHARACTERS DO IN THIS STORY?

_____

_____

_____

부록 03 – 새로운 북 커버 만들기

* 책의 중심내용을 떠올리며 새로운 북 커버를 만들어보세요. 책의 제목과 작가이름 쓰는 것을 잊지 마세요.

Create Your Book Cover

- Draw a new book cover. Remember to include the title and author of the book.

부록 04 – 브레인스토밍

* 주제에 관한 생각을 자유롭게 그리거나 쓰세요.

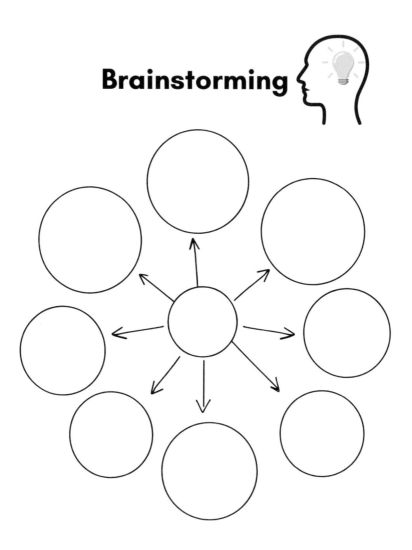

부록 05 - Y 차트

* 정보에 대해 분류 후 정리하세요.

Y Chart

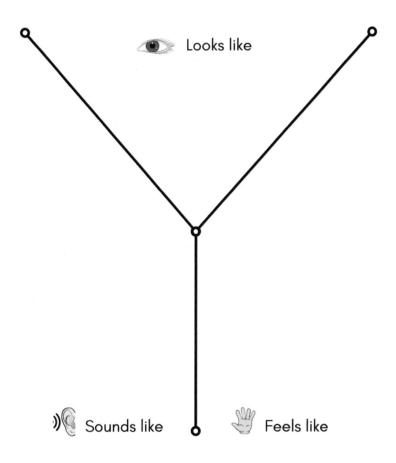

* 자료를 읽고 사실에 기반한 내용만 정리하세요.

FACT WHEEL

Write Your Ideas in the Fact Wheel.

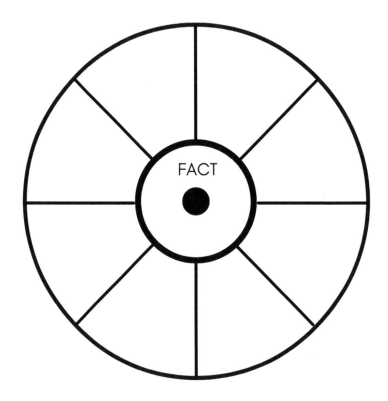

부록 07 - 비교와 대조 차트

* 정보를 읽고 공통점과 차이점에 대해 정리 및 분류해보세요.

Compare & Contrast

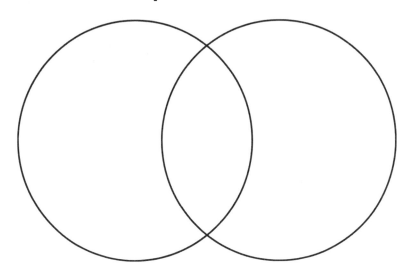

부록 08 – 영화 감상문

* 영화를 보고 의견을 표현해보세요.

Name: _____

MOVIE REVIEW

Title: _____

Director: _____

Star Rating: ☆ ☆ ☆ ☆ ☆

Favorite Character:

_____

_____

The most interesting part

_____

_____

_____

_____

* 정보를 이미 알고 있던 것, 알고 싶은 것, 새롭게 배운 부분으로 정리하세요.

KWL Chart

Topic:_____

what I Know

what I Want to know

what I Learned

부록 10 - 스토리맵

* 읽은 원서의 캐릭터, 배경, 스토리에서 생긴 문제점과 해결점을 쓰세요.

Story Map

Character

Setting

Problem

Solve

Essay Writing

Introduction

_____
_____
_____

Body 1	Body 2	Body 3
_____	_____	_____
_____	_____	_____
Details:	Details:	Details:
_____	_____	_____
_____	_____	_____
_____	_____	_____
_____	_____	_____
_____	_____	_____

Conclusion

_____
_____

Writing Prompt Cards

Choose a card from the list and write about it.

What would you do if you won the lottery?	What would it be like to live on the moon?
Write a time that you overcome a challenge.	If I could be anyone....
Think about the best book you have ever read!	Write about the most important people in your life.

참고문헌

Ken Hyland, 『Second Language Writing』(2008).

David Nunan, 『Teaching English to Young Learners』(2011).

Cameron, L., 『Teaching Languages to Young Learners』(2001).

Steven Krashen, 『읽기혁명』(2013).